全国水利水电高职教研会规划教材

公路工程 CAD

主 编 邱 兰 余丹丹
副主编 李元玲 侯 琴 董 伟
主 审 孙敬华

中国水利水电出版社
www.waterpub.com.cn

内 容 提 要

本书以 AutoCAD 2010 中文版软件为平台,主要介绍公路工程 CAD 基础知识及操作技能,全书分 8 个学习项目,内容包括：AutoCAD 基础知识,基本绘图命令,基本编辑命令,高级编辑命令,文本标注与尺寸标注,公路工程制图实例,三维绘图简介,图形的打印输出。

本书遵循深入浅出,实用易学的原则,强调理论知识与实际操作紧密结合,为了便于读者学习,引用大量道路工程制图实例和操作演示。本书可供高职高专院校道路桥梁工程技术专业使用,也可供相关专业师生和工程技术人员参考使用。

图书在版编目（CIP）数据

公路工程CAD / 邱兰, 余丹丹主编. -- 北京 : 中国水利水电出版社, 2015.1（2019.8重印）
全国水利水电高职教研会规划教材
ISBN 978-7-5170-2886-4

Ⅰ. ①公… Ⅱ. ①邱… ②余… Ⅲ. ①道路工程－计算机辅助设计－AutoCAD软件－高等职业教育－教材 Ⅳ. ①U412.6

中国版本图书馆CIP数据核字(2015)第015143号

书　　名	全国水利水电高职教研会规划教材 **公路工程 CAD**
作　　者	主编　邱兰　余丹丹　　主审　孙敬华
出版发行	中国水利水电出版社 （北京市海淀区玉渊潭南路1号D座　100038） 网址：www.waterpub.com.cn E-mail：sales@waterpub.com.cn 电话：（010）68367658（营销中心）
经　　售	北京科水图书销售中心（零售） 电话：（010）88383994、63202643、68545874 全国各地新华书店和相关出版物销售网点
排　　版	中国水利水电出版社微机排版中心
印　　刷	清淞永业（天津）印刷有限公司
规　　格	184mm×260mm　16开本　10印张　237千字
版　　次	2015年1月第1版　2019年8月第3次印刷
印　　数	5001—7000 册
定　　价	**33.00元**

凡购买我社图书,如有缺页、倒页、脱页的,本社营销中心负责调换

版权所有·侵权必究

前 言

　　计算机辅助设计（CAD）是随着计算机技术飞速发展而产生的一门学科，是建立在近代计算机软件、硬件技术和工程技术基础之上的交叉学科。最近十几年 CAD 技术及其应用得到了迅猛发展，已广泛进入了各个设计领域，并向传统的设计方法提出了严峻的挑战。在很多工程领域 CAD 已经部分或全部取代了手工设计，成为利用计算机辅助人工进行最佳工程设计的重要手段。

　　AutoCAD 是美国 AutoDesk 公司开发的专门用于计算机辅助设计的软件。由于该软件具有操作方便、易于掌握、绘图精确、功能强大等特点，深受广大工程技术人员的青睐，一直被广泛应用于机械、土木、电子、水利、航天、服装等各领域。

　　随着计算机技术的迅速发展和公路测设新技术、新手段的不断涌现，特别是当前计算机硬件和软件系统已经达到了很高的水平，使公路设计工作逐渐向自动化、智能化方向发展，涌现了很多优秀的 CAD 软件，大大提高了公路工程的设计效率。同时，计算机的普及也促进了 AutoCAD 在公路工程设计中的广泛应用，越来越多的人都认识到了 AutoCAD 在公路工程设计中的重要性和便捷性。

　　本书基于 AutoCAD 2010 版本，针对公路工程制图的特点，精选了大量典型实例，详细介绍了 AutoCAD 2010 的基本知识及各种命令的使用，内容主要包括：AutoCAD 基础知识，基本绘图命令，基本编辑命令，高级编辑命令，文本标注与尺寸标注，公路工程制图实例，三维绘图简介及图形的打印输出。考虑到用户使用软件的习惯，本书合理安排了各学习项目、学习单元的内容，针对教学目标分层次进行归纳整理，同时配以上机实训和习题，引导读者使理论实践相结合，牢固掌握软件的操作技巧，从而达到最佳学习效果。

　　参加本书编写的人员，均为多年从事 CAD 教学工作的资深教师和工程技术人员。具体编写分工如下：学习项目 2、学习项目 6 由湖北水利水电职业技术学院邱兰编写，学习项目 1 由湖北水利水电职业技术学院余丹丹编写，学习项目 5、学习项目 8 由武汉城市职业学院李元玲编写，学习项目 3、学习项目

7分别由湖北水利水电职业技术学院侯琴、王敏编写，学习项目4由湖北水利水电职业技术学院邱兰、董伟共同编写，此外，武汉大学设计院樊雪红及中南市政设计院刘臣参与了本书的编写工作，提出了宝贵的修改意见，在此表示衷心感谢。

由于编者水平有限，加之时间仓促，书中难免有疏漏和错误之处，恳请广大读者批评指正。

编者

2014年11月

目 录

前言

学习项目 1　AutoCAD 基础知识 ………………………………………………… 1
　学习单元 1.1　AutoCAD 概述 …………………………………………………… 1
　学习单元 1.2　安装与启动 AutoCAD …………………………………………… 2
　学习单元 1.3　AutoCAD 的工作界面 …………………………………………… 3
　学习单元 1.4　图形文件的管理 ………………………………………………… 7
　学习单元 1.5　AutoCAD 的坐标知识 …………………………………………… 8
　学习单元 1.6　设置绘图环境 …………………………………………………… 9
　学习单元 1.7　AutoCAD 命令的操作方法 …………………………………… 13
　学习单元 1.8　绘图辅助工具 …………………………………………………… 14
　习题 ……………………………………………………………………………… 21

学习项目 2　基本绘图命令 ……………………………………………………… 22
　学习单元 2.1　点的输入与绘制 ………………………………………………… 22
　学习单元 2.2　直线类对象的绘制 ……………………………………………… 25
　学习单元 2.3　曲线类对象的绘制 ……………………………………………… 33
　习题 ……………………………………………………………………………… 38

学习项目 3　基本编辑命令 ……………………………………………………… 40
　学习单元 3.1　构造选择集 ……………………………………………………… 40
　学习单元 3.2　复制类操作 ……………………………………………………… 41
　学习单元 3.3　改变对象的位置和大小 ………………………………………… 48
　学习单元 3.4　圆角、倒角与分解命令 ………………………………………… 57
　学习单元 3.5　夹点功能编辑图形 ……………………………………………… 59
　习题 ……………………………………………………………………………… 61

学习项目 4　高级编辑命令 ……………………………………………………… 64
　学习单元 4.1　编辑多段线与多线 ……………………………………………… 64
　学习单元 4.2　建立和管理图层 ………………………………………………… 66
　学习单元 4.3　修改对象特性 …………………………………………………… 69
　学习单元 4.4　图案填充与编辑 ………………………………………………… 71
　学习单元 4.5　块 ………………………………………………………………… 74
　学习单元 4.6　查询对象的几何特性 …………………………………………… 80

  习题 ·· 83

学习项目 5　文本标注与尺寸标注·· 85
  学习单元 5.1　文本标注 ·· 85
  学习单元 5.2　尺寸标注 ·· 90
  习题 ·· 110

学习项目 6　公路工程制图实例·· 112
  学习单元 6.1　道路工程制图 ·· 113
  学习单元 6.2　桥梁工程制图 ·· 120

学习项目 7　三维绘图简介·· 131
  学习单元 7.1　熟悉三维绘图环境 ·································· 131
  学习单元 7.2　绘制基本三维实体 ·································· 134
  学习单元 7.3　三维建模在路桥工程中的应用示例 ······ 138
  习题 ·· 142

学习项目 8　图形的打印输出·· 144
  学习单元 8.1　模型空间与图纸空间 ······························ 144
  学习单元 8.2　图纸的打印输出 ······································ 151
  习题 ·· 153

参考文献··· 154

学习项目 1　AutoCAD 基础知识

学习目标：
- 了解 AutoCAD 的基本功能。
- 熟悉 AutoCAD 2010 的工作界面。
- 熟悉 AutoCAD 的坐标知识。
- 掌握 AutoCAD 图形文件的管理。
- 掌握 AutoCAD 绘图环境的设置。
- 掌握 AutoCAD 命令的操作方法。

学习单元 1.1　AutoCAD 概　述

AutoCAD（Auto Computer Aided Design）是美国 Autodesk 公司开发的计算机辅助绘图软件包，自 1982 年推出第一个版本以来，由于其功能强大、易于掌握、使用方便、体系结构开放等优点，广泛应用于土木建筑、装饰装潢、城市规划、园林设计、电子电路、机械设计、航空航天、轻工化工等诸多领域，现已发展成为 CAD 系统中应用最为广泛的绘图软件。

如今，AutoCAD 经过近二十次的版本升级，已经成为一个功能完善的计算机辅助设计软件，具有巨大的用户群体基础，拥有大量的设计资源，受到世界各地数以百万计的工程设计人员的青睐。

AutoCAD 2010 是 Autodesk 公司 2009 年 3 月推出的版本，它提供了创建、展示、记录和共享构想所需的所有功能。将惯用的 AutoCAD 命令和熟悉的用户界面与更新的设计环境结合起来，使用户能够以前所未有的方式实现并探索构想。

AutoCAD 的基本功能如下。

（1）平面绘图：能以多种方式创建直线、圆、多边形、样条曲线等基本图形对象。

（2）绘图辅助工具：提供了正交、对象捕捉、极轴追踪、捕捉追踪等绘图辅助工具。

（3）编辑图形：具有强大的编辑功能，可以移动、复制、旋转、阵列、拉伸、延长、修剪、缩放对象等。

（4）标注尺寸：可以创建多种类型尺寸，并对标注外观进行自行设定。

（5）书写文字：能在图形的任何位置、沿任何方向书写文字，可设定文字字体、倾斜角度及宽度缩放比例等属性。

（6）图层管理功能：可以对绘制的图形对象赋予不同的图层，按要求设定图层颜色、线型、线宽等特性。并且图层可以被打开或关闭、冻结或解冻、锁定或解锁。

（7）三维绘图：可创建 3D 实体及表面模型，能对实体本身进行编辑。

(8) 网络功能：可将图形在网络上发布，或是通过网络访问 AutoCAD 资源。

(9) 数据交换：AutoCAD 提供了多种图形图像数据交换格式及相应命令。

(10) 二次开发：AutoCAD 允许用户定制菜单和工具栏，并能利用内嵌语言 AutoLISP、Visual Lisp、VBA、ARX 等进行二次开发。

学习单元 1.2　安装与启动 AutoCAD

1.2.1　AutoCAD 2010 的软件、硬件配置

安装 AutoCAD 2010 前，用户应先了解软件对系统的要求，以便合理配置机器，使 AutoCAD 2010 的优越性得到充分发挥。

1. 基本硬件配置

(1) CPU：Windows Vista – Intel Pentium 4 或 AMD Athlon 双核，3.0GHz 或更高，采用 SSE2 技术；Windows XP-Intel Pentium 4 或 AMD Athlon 双核处理器，1.6GHz 或更高，采用 SSE2 技术。

(2) 内存：Windows Vista – 2 GB 的 RAM，Windows XP – 2 GB 的 RAM。

(3) 硬盘：10GB 以上的可用空间。

(4) 显示器分辨率：1024×768 真彩色显示。

(5) 浏览器：Windows Internet Explorer 7.0 或更高版本。

2. 软件环境

Windows 7 Ultimate、Professional、Home Premium；Windows Vista（SP1）；Windows XP（SP2 或更高版本）。

1.2.2　AutoCAD 的安装

AutoCAD 提供了一个很方便的安装向导，可以按照安装向导的操作提示逐步进行安装。

(1) 启动 Windows 操作系统。

(2) 将安装光盘插入光驱。

(3) 双击桌面"我的电脑"后，双击光盘驱动器图标，打开 AutoCAD 安装程序，根据安装向导逐步单击"下一步"和填入需要的内容，单击"完成"。

(4) 安装完成后重新启动计算机使配置生效。

1.2.3　AutoCAD 的启动

启动 AutoCAD 2010 和启动 Windows 其他应用程序一样，AutoCAD 2010 安装后会在桌面上出现一个图标，双击该图标可以启动 AutoCAD 2010。

或者选择"开始"→"程序"→"Autodesk"→"AutoCAD 2010 – Simplified Chinese"→"AutoCAD 2010"，也可以启动 AutoCAD。

启动 AutoCAD 2010 后，直接进入 AutoCAD 工作界面。

学习单元 1.3　AutoCAD 的工作界面

为方便不同用户的使用习惯，中文版 AutoCAD 2010 提供了"二维草图与注释"、"三维建模"和"AutoCAD 经典"三种工作空间模式。三种工作空间模式可以通过界面右下角选项进行切换，如图 1.1 所示，或者通过界面左上角选项进行切换，如图 1.2 所示。

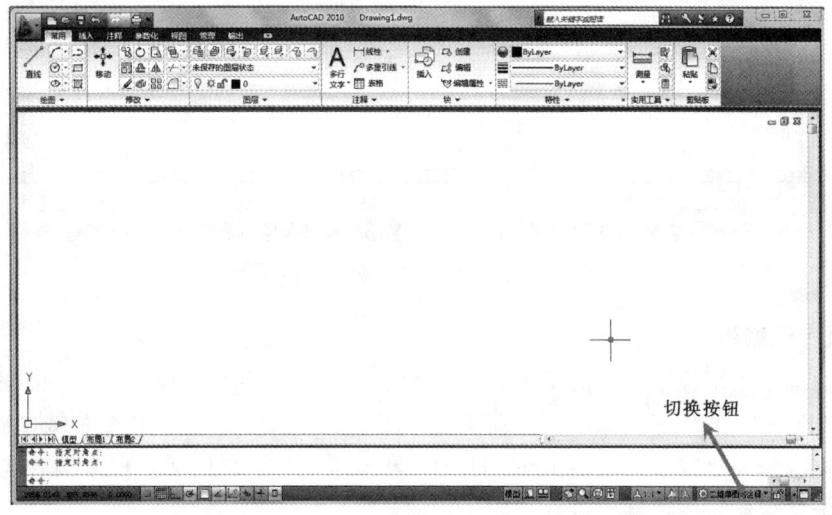

图 1.1　"二维草图与注释"工作界面与切换

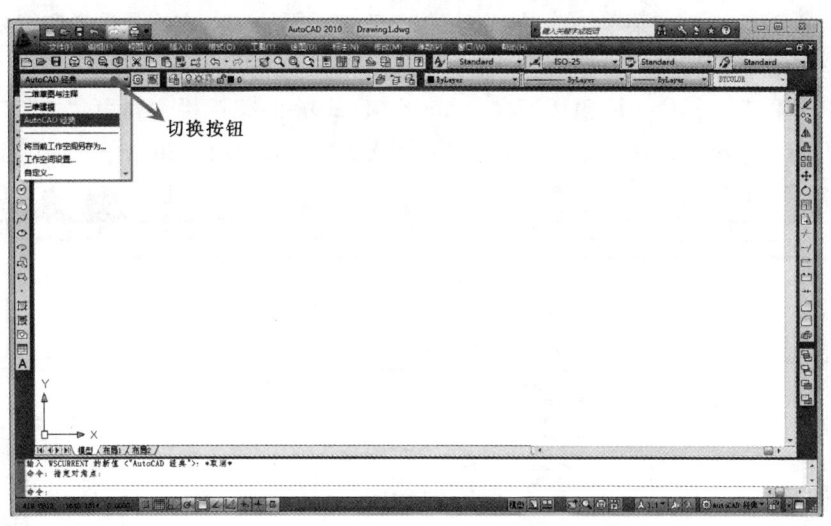

图 1.2　"AutoCAD 经典"工作界面与切换

本学习单元仅对常用的 AutoCAD 2010 经典工作界面作一个介绍。AutoCAD 2010 经典工作界面由标题栏、菜单浏览器、菜单栏、快速访问工具栏和工具栏、绘图窗口、命令行与文本窗口、状态栏等部分组成，如图 1.3 所示。

学习项目1　AutoCAD基础知识

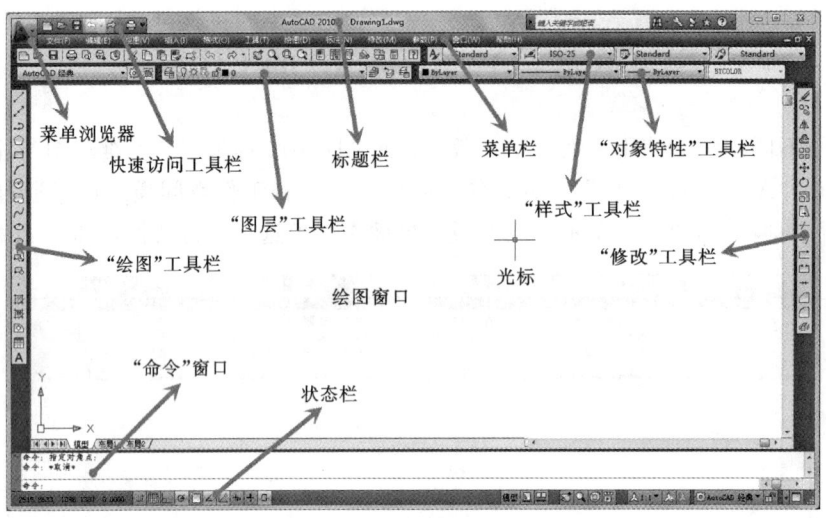

图1.3　"AutoCAD经典"工作界面

1.3.1　标题栏

标题栏位于应用程序窗口的最上方。其功能与其他Windows应用程序类似，用于显示AutoCAD 2010的程序图标以及当前所操作图形文件的名称，并实现AutoCAD 2010窗口的最小化或最大化以及关闭AutoCAD2010等操作。在标题栏文本框中输入需要帮助的问题，单击"搜索"按钮就可以获取相关帮助。

1.3.2　菜单浏览器和菜单栏

AutoCAD 2010的"菜单浏览器"按钮位于工作界面的左上方，是选择和搜索命令的工具，单击该按钮，展开浏览器，系统弹出包含了AutoCAD功能和命令的菜单，从而方便执行相应的操作。菜单栏位于标题栏下方，AutoCAD 2010的菜单栏主要由"文件"、"编辑"和"视图"等菜单组成，它们几乎包括了AutoCAD中全部的功能和命令。如图1.4所示为

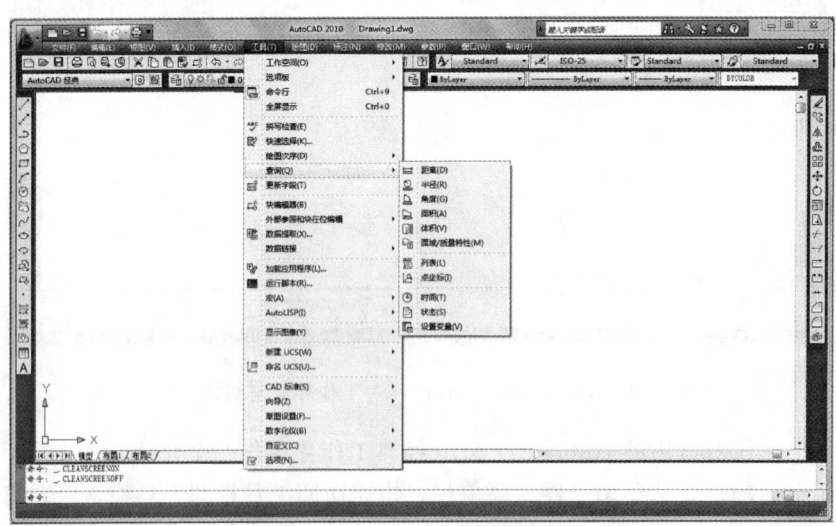

图1.4　"工具"菜单

学习单元 1.3 AutoCAD 的工作界面

AutoCAD 2010 的"工具"菜单，其下拉菜单中的命令有如下几种形式。

（1）选项后跟有指向右的黑色小箭头，表示该项后面还有子菜单，将鼠标指在该选项上面，子菜单就会弹出，如图 1.4 所示。

（2）选项后跟有快捷键，表示按下快捷键也可执行同样操作。

（3）选项后跟有组合键，表示直接按组合键也能执行同样的操作。

（4）选项后跟有"…"符号，表示选择它可打开一个对话框。

（5）选项呈灰色，表示该命令在当前状态下不可使用。

1.3.3 快速访问工具栏和工具栏

快速访问工具栏位于"菜单浏览器"按钮的右侧，用于存储经常访问的命令，默认情况下有 6 个命令按钮，分别是"新建"、"打开"、"保存"、"放弃"、"重做"、"打印"，用户还可以根据自己的需要自定义快速访问工具栏，如图 1.5 所示。

在 AutoCAD 2010 中，系统共提供了 30 多个已命名的工具栏。工具栏由带有直观图标的命令按钮组成，每个命令按钮都对应一个 AutoCAD 命令。默认情况下，"标准"、"特性"、"绘图"和"修改"等最常用的工具栏处于打开状态。

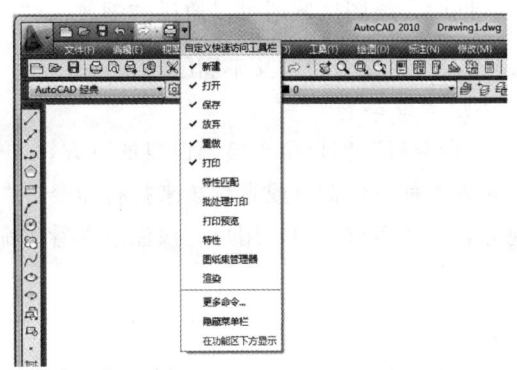

图 1.5 快速访问工具栏

在任意一个工具栏上右击，在弹出的快捷菜单中再单击某一工具栏名称，可以打开或关闭该工具栏，如图 1.6 所示。

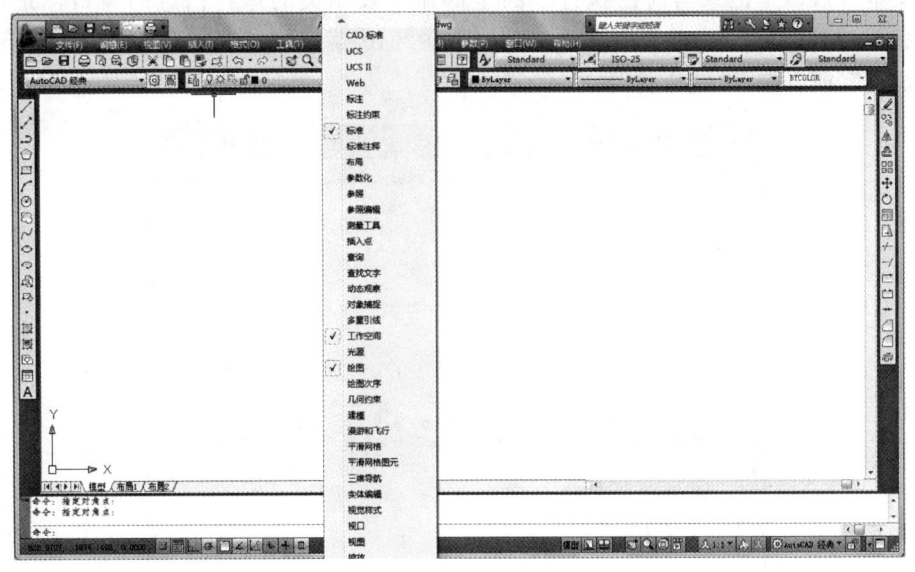

图 1.6 打开或关闭工具栏

1.3.4 绘图窗口

绘图窗口是绘制、显示图形的主要场所，它相当于手工绘图时的图纸，占据软件界面中最大的一片区域。

在绘图窗口中除了显示当前的绘图内容外，还显示了当前使用的坐标系类型以及坐标原点、X轴、Y轴、Z轴的方向等。在默认情况下，坐标系为世界坐标系（WCS）。

绘图窗口的下方有"模型"和"布局"选项卡，单击其标签可以在模型空间或图纸空间之间来回切换。一般情况下，首先在模型空间绘制图形，然后再切换到图纸空间对图形进行注释和打印排版。在绘图窗口中还包括垂直滚动条和水平滚动条，可以通过拖动滑块来调整图形在窗口中的显示内容。

同时，绘图区域还可以通过"缩放"、"平移"命令来控制图形的显示。

1.3.5 命令行与文本窗口

1. "命令行"窗口

"命令行"窗口位于绘图窗口的下方，如图1.7所示。用户可以通过在"命令行"窗口输入各种操作命令或者参数来执行命令。"命令行"窗口是软件与用户进行交互对话的地方，在使用过程中，用户应该注意查看"命令行"窗口中出现的各种提示性输入或出错的相关信息。

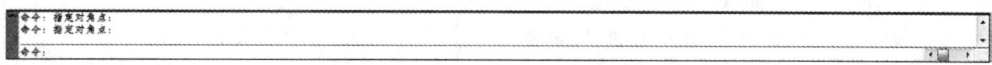

图1.7 "命令行"窗口

2. "文本"窗口

"文本"窗口是记录当前已执行了的全部命令及相关的运行信息的窗口，是放大的"命令行"窗口，如图1.8所示。在AutoCAD 2010菜单中选择"视图"→"显示"→"文本窗口"或者按F2键来打开。

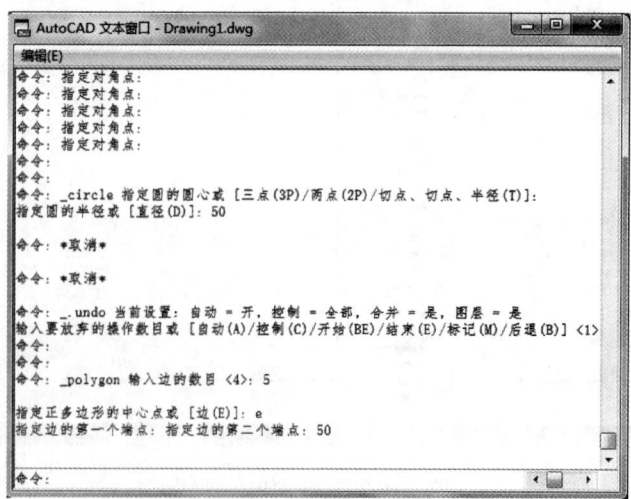

图1.8 "文本"窗口

1.3.6 状态栏

状态栏位于 AutoCAD 2010 软件界面的最下端，如图 1.9 所示。最左边显示绘图区域中当前光标的坐标值，状态栏上的按钮是辅助绘图工具，其功能将在后面的学习单元中介绍。

图 1.9　状态栏

学习单元 1.4　图 形 文 件 的 管 理

1.4.1　创建新图形文件

在桌面上双击 AutoCAD 2010 快捷方式图标，屏幕上将出现正在打开 AutoCAD 2010 的画面，系统会自动新建一个名为 Drawing1.dwg 的图形文件，如图 1.10 所示，这是用户最常用的创建新图形文件的方式。

图 1.10　自动新建的名为 Drawing1.dwg 的图形文件

选择"文件"→"新建"命令或单击工具栏上的新建图标 ，弹出如图 1.11 所示的"选择样板"对话框，在"名称"列表框中选中某一样板，这时在其右面的"预览"框中将显示出该样板的预览图像。单击"打开"按钮，即可新建一个图形文件。

1.4.2　打开图形文件

若要打开已有的图形文件，可以使用以下几种途径。

(1) 工具栏上单击"打开"按钮 。
(2) 从"文件"下拉菜单选取"打开"命令。
(3) 命令行输入"Open" ↙（回车）。
(4) 快捷键：Ctrl+O。

图 1.11　"选择样板"对话框

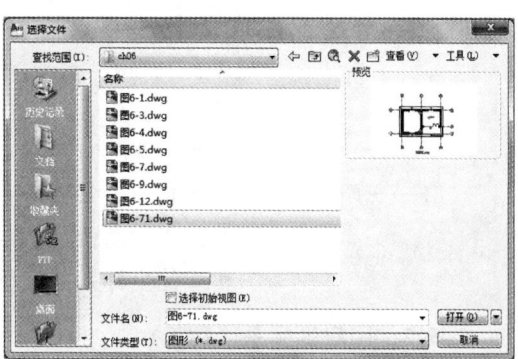

图 1.12　"选择文件"对话框

执行上述任一种命令后,会弹出"选择文件"对话框,如图 1.12 所示。在该对话框中选择需要的文件,单击"打开"按钮即可。此外,找到需要的图形文件,单击该图形文件,可打开该文件。如果要打开最近打开过的图形文件,可以单击"文件"下拉菜单中底部最近打开过的文件即可。

1.4.3 保存图形文件

保存文件就是把用户所绘制的图形以文件形式存储起来。在用户绘制图形的过程中,要养成经常保存的习惯,以减少因突然断电、程序意外结束、电脑死机等原因所造成的数据丢失。要保存绘制的图形文件,可以使用以下途径。

1. 快速保存

快速保存是以当前文件名及其路径存入磁盘,操作如下。

(1) 工具栏上单击:"保存"按钮 。

(2) 从"文件"下拉菜单选取"保存"命令。

(3) 命令行输入"Save"↙(回车)。

(4) 快捷键:Ctrl+S。

如果文件是第一次保存的话,会弹出"图形另存为"对话框,这就需要用户给要保存的图形文件指定文件夹,输入一个文件名,最后单击"保存"按钮。

2. 文件另存为

"文件另存为"是将当前文件用另一个名字或路径进行保存,操作如下。

(1) 从"文件"下拉菜单选取"另存为"命令。

(2) 快捷键:Ctrl+Shift+S。

(3) 命令行输入"Save as"↙(回车)。

这时会弹出"文件另存为"对话框,选择文件存储路径,输入文件名,单击"保存"按钮即可。

学习单元 1.5　AutoCAD 的坐标知识

1.5.1 世界坐标系(WCS)

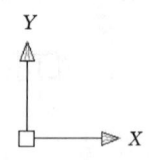

图 1.13　世界坐标系

在默认情况下,AutoCAD 使用的是世界坐标系(World Coordinate Systems,WCS),由 3 个垂直并相交的坐标轴 X、Y、Z 构成。如图 1.13 所示,其中,水平向右为 X 轴正方向,垂直向上为 Y 轴正方向,Z 轴正方向为垂直屏幕平面向外,指向用户,在二维空间绘制图形时其原点(0,0)位于图形窗口的左下角,是 X 轴与 Y 轴的交点,所有的位移相对于该原点计算。WCS 是定义所有对象位置和其他坐标系的基础。

1.5.2 用户坐标系(UCS)

为了绘图的需要,用户也可以根据需要在世界坐标系中移动原点的位置,或者旋转坐标轴的方向来创建新的坐标系,这种创建的坐标系统称为用户坐标系(User Coordinate

System，UCS)。当创建一个新图形文件时，在默认情况下，UCS 与 WCS 重合。在一个图形中可以设置多个 UCS，可以对 UCS 进行命名保存，并在需要时调用，当不再需要某个命名的 UCS 时，可以将其删除。

1.5.3 坐标的表示方法

在 AutoCAD 中，点的坐标可以使用绝对直角坐标、绝对极坐标、相对直角坐标和相对极坐标 4 种方法表示。

1. 绝对坐标

绝对坐标是以原点（0,0）定位的坐标，绝对坐标有绝对直角坐标和绝对极坐标两种表示方法。

（1）绝对直角坐标。绝对直角坐标是指从坐标原点（0,0）出发的位移，其形式为：X,Y。

当点在当前坐标系中相对于原点的 X、Y 轴的坐标值已知时，可以直接输入点的 X、Y 的坐标值，坐标值之间用逗号隔开。如在定位点的时候输入（5,10），代表该点的位置在 X 轴上的值为 5，Y 轴上的值为 10。

（2）绝对极坐标。绝对极坐标也是从（0,0）出发的位移，其形式为：距离＜角度，距离和角度之间用"＜"号分开。当点到原点的距离及与 X 轴正方向的角度已知时，可以用数字代表距离，用角度代表方向来确定点的位置。

一般规定角度以 X 轴的正方向为 0°，按逆时针方向增大。如果距离值为正，则代表与 X 轴的正方向方向相同，为负则代表与 X 轴的正方向方向相反；若向顺时针方向移动，应输入负的角度值。例如，某点距原点距离为 15，与 X 轴的正向夹角为 45°，则用极坐标表示为（15＜45）。

2. 相对坐标

相对坐标是相对前一点的偏移量，分为相对直角坐标和相对极坐标。如果知道某点相对于上一个点的位置关系，就可以采用输入相对坐标的方式来确定点的位置。它的表示方法是在绝对坐标表达式前面加上"@"符号。

（1）相对直角坐标。其形式为@ΔX，ΔY。ΔX，ΔY 分别为相对于前一点的 X 坐标增量、Y 坐标增量。

（2）相对极坐标。其形式为@长度＜角度。相对极坐标的长度是新点和上一点的连线的长度，角度是新点和上一点的连线与 X 轴的夹角。

学习单元 1.6 设置绘图环境

用 AutoCAD 软件绘制图形时，需要定制符合自己行业规范或标准的样板图，这个样板图的定制首先需要设置绘图环境。绘图环境的设置包括如绘图单位、图形界限、设计比例、图层、文字样式和标注样式等。设置好的绘图环境可以保存为样板文件，以后可直接使用该样板文件定制绘图环境。这里先介绍修改系统配置、绘图单位和图形界限的设置。

1.6.1 修改系统配置

AutoCAD 允许用户对系统环境进行设置，选择菜单"工具"→"选项"，或在命令行中输入"option",或者(在未运行任何命令也未选择任何对象的情况下)在绘图区域右击,在弹出的菜单中选择"选项",均可以打开如图 1.14 所示的"选项"对话框。对话框中包含了"文件"、"显示""打开和保存"、"打印和发布"、"系统"、"用户系统配置"等 10 个选项卡,通过对各个选项卡的设置,可以改变绘图系统的参数。以下仅介绍几个常用的选项卡的设置。

1. "显示"选项卡

"选项"对话框中的"显示"选项卡如图 1.14 所示,用于设置绘图环境的显示属性,如窗口元素、布局元素、显示精度、显示性能、十字光标大小等。

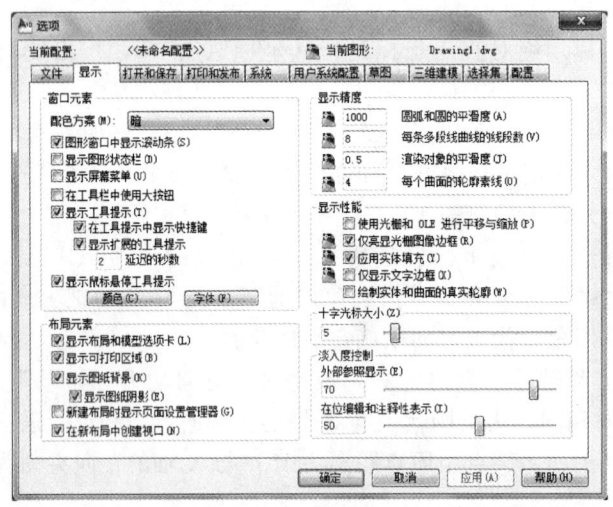

图 1.14 "选项"对话框

(1) 窗口元素:用于控制绘图环境的显示设置,"颜色"按钮用于更改绘图区背景颜色。

(2) 显示精度:用于控制对象的显示质量。"圆弧和圆的平滑度"的有效范围为 1~20000,"渲染对象的平滑度"的有效范围为 1~10,显示精度越高,圆弧和圆的显示越光滑。

(3) 十字光标大小:用于控制十字光标的尺寸。有效值为全屏幕的 1%~100%。

其余选项可按默认值,一般不必更改。

2. "打开和保存"选项卡

"选项"对话框中的"打开和保存"选项卡如图 1.15 所示,可用于控制文件打开和保存的相关选项。

"文件保存"选项组中的"另存为"下拉列表框,用于设置文件保存的格式,可设置为较低版本的格式如"AutoCAD 2004 图形(*.dwg)",以方便更低版本用户打开文件。

"文件安全措施"选项组中的"自动保存"复选框,用于设置是否自动保存。"保存间隔分钟数"前的文本框用于设置自动保存时间间隔,选用此选项功能可以避免意外断电或死机造成的工作成果丢失。

学习单元1.6 设置绘图环境

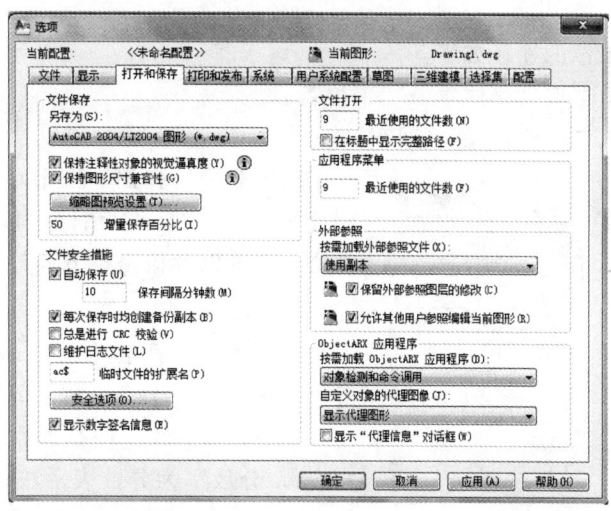

图1.15 "选项"对话框的"打开和保存"选项卡

3. "草图"选项卡

"选项"对话框中的"草图"选项卡如图1.16所示，可用于指定多个基本编辑选项，包括自动捕捉、自动追踪（Auto Track）、对齐点获取、靶框大小等多项内容的设置。

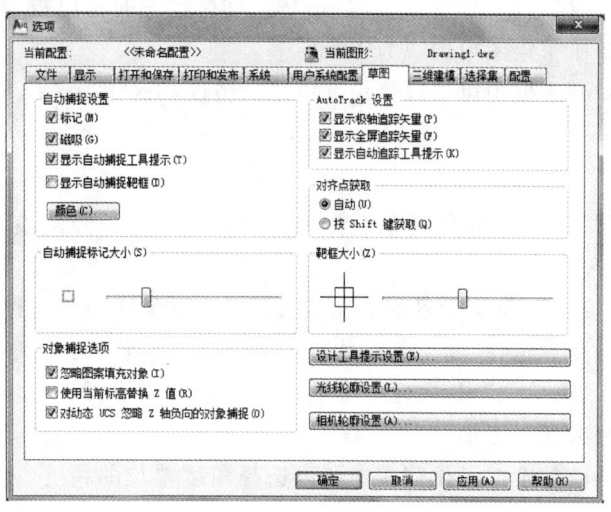

图1.16 "选项"对话框的"草图"选项卡

"自动捕捉设置"选项组中的"颜色"按钮用于设置自动捕捉标记的颜色。
"自动捕捉标记大小"选项组中的滑块，可用于调整自动捕捉标记的大小。
"靶框大小"选项组中的滑块，用于调整十字光标中靶框的大小。

1.6.2 设置绘图单位

绘图单位是在设计中所采用的单位，创建的所有对象都是根据图形单位进行测量的。开始绘图前，必须基于要绘制的图形确定一个图形单位所代表的实际大小，然后据此创建实际大小的图形。

执行设置图形单位的途径如下。

(1) 从下拉菜单选取"格式"→"单位"。

(2) 命令行输入"Units"✓（回车）。

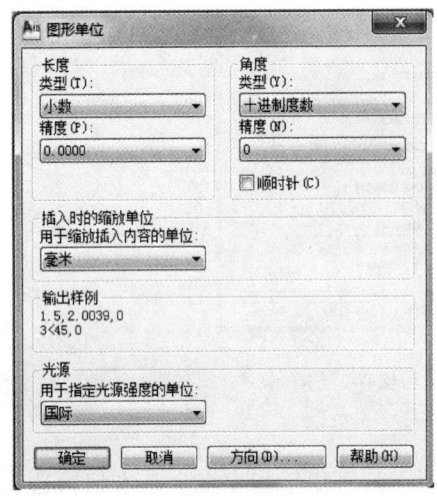

图 1.17 "图形单位"对话框

执行命令后弹出"图形单位"对话框，如图 1.17 所示。在这个对话框中包含长度单位、角度单位、精度以及极坐标方向等选项。

1. 长度单位

在"类型"列表中有 5 种单位格式：分数、工程、建筑、科学、小数。

其中，"小数"便是通常使用的十进制计数方式；"分数"为分数表示法；"科学"为科学计数法；"建筑"及"工程"采用的是英制单位体系。一般情况下都采用"小数"的长度单位类型，这是符合国标的长度单位类型。

以上 5 种长度单位格式中，"小数"、"分数"、"科学"的图形单位可以表示 1mm、1m、1km 等。实际绘图时可以视绘图单位为图形尺寸标注的单位，通常将 1 个绘图单位视为 1mm。

在"精度"下拉列表框中可以选择长度单位的精度，比如当选择"0.00"精度时，表示精确到小数点后 2 位。

2. 角度单位

AutoCAD 同样提供了 5 种角度单位类型：百分度、度、分、秒，弧度，勘测单位，十进制度数。

其中，"十进制度数"是用十进制表示角度值；"百分度"是一种特殊的角度测量单位，通常不使用百分度单位；"度、分、秒"是用"°、′、″"来表示角度；"弧度"是用弧度单位来表示角度；"勘测单位"是大地坐标的测量单位，需要指定方位和角度值。通常使用"十进制度数"来表示角度值。

在"角度"区的"精度"下拉列表中可以选择角度单位的精度，比如"0"精度，表示不保留小数位。

3. 方向设置

在"图形单位"对话框底部单击"方向"按钮，弹出"方向控制"对话框，如图 1.18 所示。在对话框中定义起始角（0°角）的方位，通常将"东"作为 0°角的方向，单击"确定"按钮退出"方向控制"对话框。

最后，单击"图形单位"对话框中的"确定"按钮，完成对 AutoCAD 绘图单位的修改。

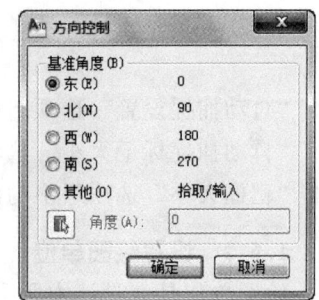

图 1.18 "方向控制"对话框

1.6.3 设置图形界限

图形界限是指绘图的区域，AutoCAD 提供了符合国际标准的从 A0 到 A4 的样板图。这些样板图已经设置图形界限，如 A1 的图形界限为 841mm×594mm。

执行设置图形界限的途径如下。

(1) 从下拉菜单选取"格式"→"图形界限"。

(2) 命令行输入"Limits"✓（回车）。

图形界限可以根据实际情况随时进行调整，具体步骤如下。

例如，绘制一个两室一厅的户型图（外形最大尺寸为 11640mm×7440mm），在设置图形界限时，考虑到绘图区域必须大于实际尺寸并和标准图纸之间有一定的匹配关系，使用 A4 图幅 1∶100 打印，则可以设置图形范围为 A4 的 100 倍，即 29700×21000。

如果以（0，0）作为左下角点，那么右上角点的坐标就是绘图区域宽度和高度。

命令:_limits
重新设置模型空间界限：
指定左下角点或[开(ON)/关(OFF)]<0.0000,0.0000>：✓　　指定图形界限的左下角点坐标
指定右上角点<420.0000,297.0000>：29700,21000　　指定图形界限的右上角点坐标

当图形界限设置完毕后，需要执行菜单"视图"→"缩放"→"全部"以观察整个图形。

为保证精确绘图和协同设计，应该尽量采用 1∶1 的比例绘制图形，这样可以不必进行繁琐的比例换算，待图形绘制完成后，再按照一定比例输出到纸张上。

学习单元 1.7　AutoCAD 命令的操作方法

1.7.1　AutoCAD 命令的调用

在 AutoCAD 中可以通过以下 3 种方式调用命令。

(1) 单击下拉菜单或快捷菜单中的选项。

(2) 单击工具栏中对应的图标即可执行命令。

(3) 通过"命令行"窗口直接输入英文命令或者命令的缩写字符。

如图 1.19 所示，单击"绘图"工具栏中的绘制圆图标按钮  即可执行"Circle"命令。

图 1.19　"绘图"工具栏

当结束执行一条命令后，按回车键或者空格键，可以重复执行上一条命令。

1.7.2　AutoCAD 命令的执行

当输入的命令开始运行，在"命令行"窗口中会出现实时操作和有关选项的提示，若动态输入选项被打开，则提示会出现在光标提示栏中，这些提示可以帮助用户了解命令的执行进

程,并及时提醒用户输入下一步所需的相关信息。如输入"Circle"(画圆)命令后,提示行显示 命令: __circle 指定圆的圆心或 [三点(3P)/两点(2P)/切点、切点、半径(T)]: 提示行的"[…]"前面的提示为默认选项,可直接按其提示的内容进行操作。括号"[ ]"中的内容是除默认选项外的其他选项,多个选项用"/"隔开,圆括号"( )"中的数字和字母是对应选项的标识符。如果要选择某一选项,只需输入该选项的标识符后按回车键即可。此例中按照其提示"指定圆的圆心",用鼠标在绘图区指定一点(或用键盘输入点的坐标)作为所要画圆的圆心,相应系统提示"指定圆的圆心"后,系统继续提示 指定圆的半径或[直径(D)]<60.5305>:。

此时提示中的默认选项为"指定圆的半径",可输入一个数值作为圆的半径,"< >"中的数值为上一次执行该命令时的数值,可直接按回车键采用该默认值作为圆的半径。若要以直径画圆,可选择"[ ]"中的选项"D",按回车键后再输入直径数值。

1.7.3 AutoCAD 命令的终止

AutoCAD 在命令执行的任一时刻都可以按键盘上的 Esc 键取消和终止命令的执行。也可以从当前命令的快捷菜单中选择"取消"选项。

当需要撤销已经执行的命令时,可通过命令"undo"或"u",或者"标准"工具栏中的 按钮来依次撤销已经执行的命令。当使用命令"undo"或"u"后,紧接着可使用"redo"命令恢复已撤销的上一步操作,或者单击"标准"工具栏中的 按钮来恢复已撤销的上一步操作。

1.7.4 AutoCAD 的透明命令

透明命令是指在执行其他命令的过程中可以调用执行的命令。在执行某个命令的过程中,当需要用到其他命令而又不希望退出当前执行的命令时,可使用透明命令,透明命令执行完成后,系统又回到原命令执行状态,不影响原命令的继续执行。

透明命令通常是一些绘图辅助命令,如缩放(zoom)、栅格(grid)、实时平移(pan)等。

学习单元 1.8 绘图辅助工具

1.8.1 精确绘图工具

在工程设计过程中,设计者不仅要能准确反映设计意图,而且还要求精确绘图,AutoCAD 2010 提供了强大的精确绘图工具来方便设计者使用,这些精确绘图功能包括:栅格、捕捉、正交、极轴、对象捕捉和对象追踪、动态输入等,每一项功能都能在状态栏上找到与之相对应的按钮,如图 1.20 所示,按钮从左至右分别为捕捉、栅格、正交、极轴追踪、对象捕捉、对象捕捉追踪、允许/禁止动态 UCS、动态输入、显示/隐藏线宽、快捷特性,单击相应按钮就能实现打开或关闭对应功能。

图 1.20 精确绘图工具

下面分别介绍各种精确绘图工具的功能和使用方法。

1.8.1.1 栅格和捕捉

栅格是显示在绘图区域（limits 命令定义的区域）中可见的参照网格点。显示栅格后，绘图区域如同坐标纸一样，可作为绘图时的参考。在输出图形时，栅格不会打印出来。

如果捕捉功能打开，光标就会锁定在不可见的捕捉网格点上跳跃式的移动。捕捉间距在 X 方向和 Y 方向可以相同，也可以不同。通常栅格和捕捉经常配合在一起使用。

栅格间距、捕捉间距、捕捉类型等都可以进行设置，设置方法如下。

执行"工具"菜单下的"草图设置"命令，打开如图 1.21"草图设置"对话框，利用对话框中的"捕捉和栅格"选项卡对其进行设置。

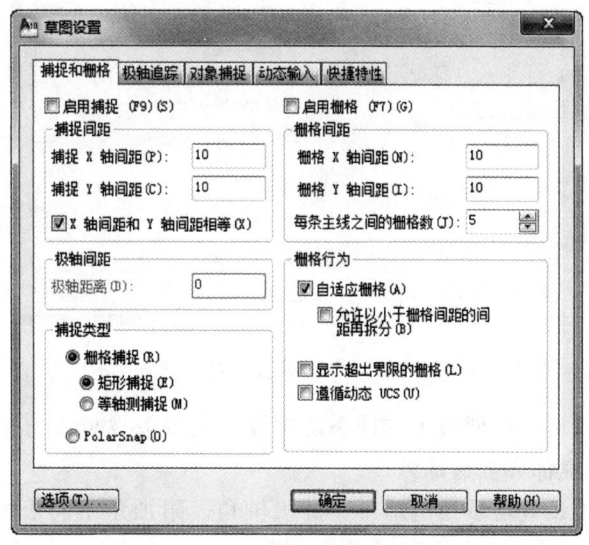

图 1.21 "草图设置"对话框 1

1.8.1.2 正交与极轴

正交与极轴都是为了准确追踪一定角度而设置的绘图功能。

1. 正交模式

打开"正交模式"后，光标限制在水平或垂直方向移动，定义位移的拖引线究竟沿哪个轴的方向，取决于光标距水平轴或垂直轴哪个近一些。在绘图过程中可随时打开或关闭"正交模式"，方式如下。

(1) 在状态栏上单击"正交模式"按钮。

(2) 命令行输入"Crtho"✓（回车）。

(3) 快捷键：按 F8 键。

2. 极轴追踪

创建对象时，使用"极轴追踪"，可以按照一定的角度增量或极轴增量追踪特征点。启用和设置"极轴追踪"的方法如下。

(1) 单击状态栏上的"极轴追踪"按钮。

（2）打开"草图设置"对话框，选择"极轴追踪"选项卡，选中"启用极轴追踪"复选框。

（3）快捷键：按 F10 键。

默认情况下，极轴追踪仅在 0°、90°、180°和 270°四个方向上起作用。如果需要它在其他特殊角度上起作用，可以在图 1.22 所示的对话框中对极轴追踪进行各种功能设置。

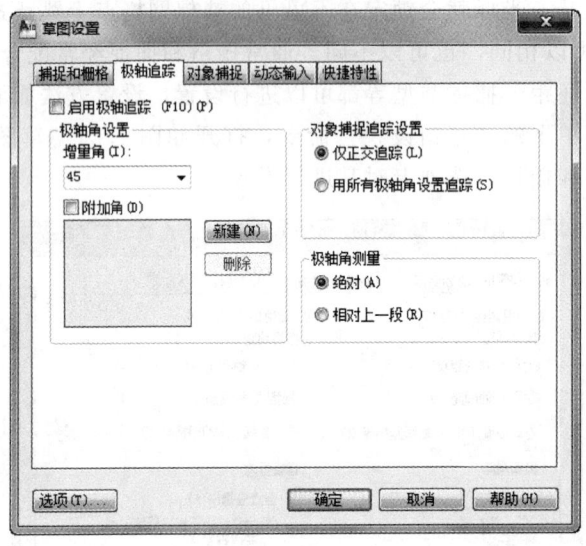

图 1.22 "草图设置"对话框 2

1）增量角。可以从下拉列表中选择系统预设的角度，也可以直接输入角度，所有 0°角和增量角整数倍角度都会被追踪到。

2）附加角。用于设置增量角追踪不到的极轴角。附加角不同于增量角，系统只能追踪附加角的位置，不能追踪附加角的整数倍角度。

3）绝对。"绝对"测量方法是以当前 UCS 的 X 轴和 Y 轴为基准测量极轴追踪角。

4）相对上一段。"相对上一段"测量方法是以最后指定的两个点作为基准测量极轴追踪角。

5）用所有极轴角设置追踪 默认情况下，对象捕捉追踪设置为"仅正交追踪"，只显示始于追踪点的水平或垂直追踪路径，若设置"用所有极轴角设置追踪"，则可追踪所有的极轴角路径。

1.8.1.3 对象捕捉与对象捕捉追踪

1. 对象捕捉

"对象捕捉"功能是一种非常有用的辅助工具，它可以通过光标拾取到已有对象的特征点，如端点、中点、圆心等，而用户无须知道这些点的坐标值。

不论何时提示输入点，都可以利用对象捕捉。默认情况下，当光标移到对象的对象捕捉位置时，将显示标记和工具栏提示，此功能称为自动捕捉。

对象捕捉按操作方法分"单点捕捉"和"自动捕捉"两种方式，用户可以根据绘图需要启用或变换不同的方式。

（1）单点捕捉。单点捕捉需先关闭状态栏"对象捕捉"按钮。单点捕捉是在提示输入点时临时指定需要的对象捕捉模式，可以用以下方法来临时获取捕捉点。

1）按住 Shift 或 Ctrl 键并右击以显示"对象捕捉"快捷菜单，如图 1.23 所示，从中选择一种捕捉。

2）单击"对象捕捉"工具栏上的对应的对象捕捉按钮，如图 1.24 所示。

3）在命令行上输入对象捕捉的名称。这种方法要记住的简化命令较多，对于初学者一般不建议使用。

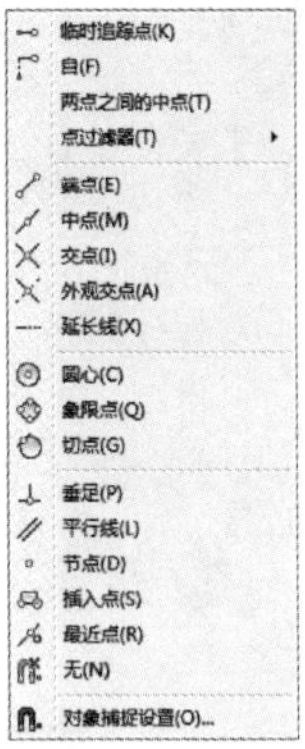

（2）自动捕捉。

2．对象捕捉追踪

对象捕捉追踪与对象捕捉功能相关，启用对象捕捉追踪功能必须同时启用对象捕捉功能。利用对象捕捉追踪可产生基于对象捕捉点的辅助线，如图 1.25 所示，在矩形两条边中点附近移动就会产生两个中点的追踪线。

图 1.23 "对象捕捉"快捷菜单

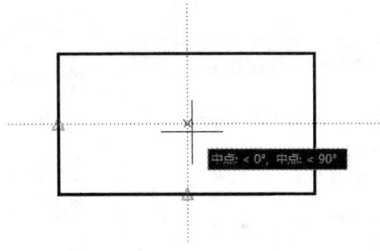

图 1.24 "对象捕捉"工具栏　　　　图 1.25 对象捕捉追踪

1.8.1.4 动态输入

使用动态输入功能可以在工具栏提示中输入坐标值，而不必在命令行中进行输入。光标旁边显示的工具栏提示信息将随着光标的移动而动态更新。当某个命令处于活动状态时，可以在工具栏提示中输入数值，通过 Tab 键可在这些值之间切换，实现更直观的绘图功能，如图 1.26 所示为直线命令执行中的动态工具栏。

动态输入可以完全取代 AutoCAD 传统的命令行，极大地方便了绘图，为用户提供了一种全新的操作体验。启动动态输入功能有以下几种方法。

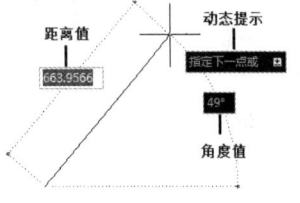

图 1.26 直线命令执行中的动态工具栏

（1）单击状态栏上的动态输入按钮 。

（2）按 F12 键打开或关闭动态输入。

动态输入主要由指针输入、标注输入和动态提示三部分组成，如图 1.27 所示。

1）指针输入。当启用"指针输入"且有命令在执行时，十字光标的位置将在光标附近的工具栏提示中显示为坐标。可以在工具栏提示中输入坐标值，而不用在命令行中输入。

学习项目 1　AutoCAD 基础知识

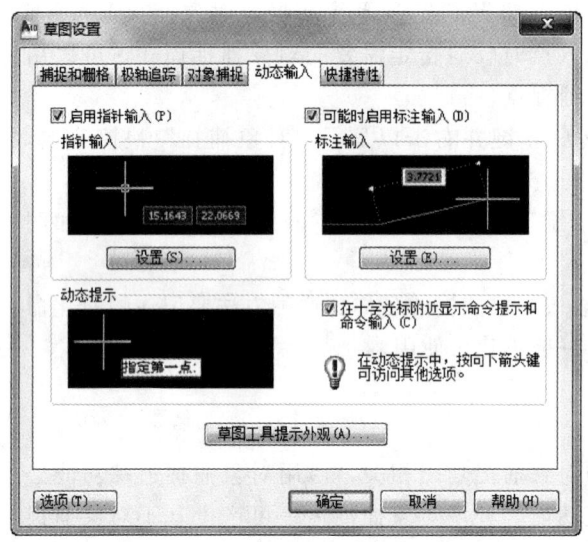

图 1.27　"动态输入"选项卡

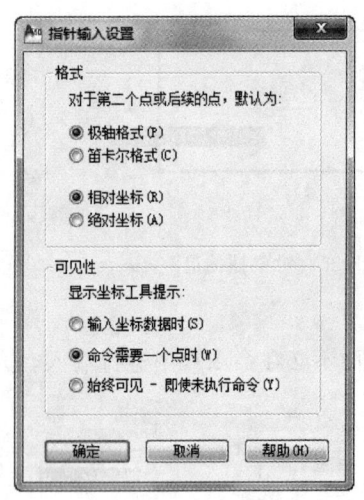

图 1.28　"指针输入设置"选项卡

以执行直线命令为例，在"指定第一点："提示下输入绝对坐标（在未知或不关心第一点坐标值的情况下可直接用鼠标拾取点），第二点和后续点的坐标格式由"指针输入设置"而定，默认为极轴格式的相对坐标，如图 1.28 所示。使用"指针输入设置"可修改坐标的默认格式，以及控制指针输入工具栏提示何时显示。

2）标注输入。启用"标注输入"时，指定的第一点仍是绝对坐标，当命令提示输入第二点及下一点时，工具栏提示将显示距离和角度值，即将相对极坐标以直观的标注形式显示出来（图 1.26）。可以在工具栏提示中输入距离或角度值，按 Tab 键在距离和角度值之间切换。

3）动态提示。启用"动态提示"后，提示会显示在光标附近的工具栏提示中。用户可以在工具栏提示中输入响应。

1.8.1.5　显示/隐藏线宽

在 AutoCAD 中可以根据需要设置所绘制图形对象的线宽，但为了避免显示线宽后影响绘图时对图形对象之间的关系的观察与判断，绘图时往往不显示对象的实际线宽。状态栏中的按钮 就是用于控制是否在绘图窗口显示对象的实际线宽。

1.8.2　视图的缩放与平移

在应用 AutoCAD 软件绘图过程中，经常需要对视图的显示进行调整，如对视图进行缩放和平移。

1.8.2.1 缩放视图

缩放视图功能可以改变图形对象的屏幕显示大小，便于用户观察图形的整体和局部细节，并不改变图形对象的实际尺寸。

执行缩放命令常用的操作方式如下。

（1）单击工具栏上图标按钮。

（2）命令行输入"Zoom"↙（回车）。

（3）单击菜单栏中的"视图"→"缩放"，如图1.29所示。

在激活缩放命令后，命令行会出现多个选项，各个选项的功能与缩放工具栏上的各个按钮的功能相对应。这些选项中常用的是：全部（A）、范围（E）、上一个（P）、窗口（W）、实时。

命令：zoom
指定窗口的角点，输入比例因子（nX 或 nXP），或者
[全部(A)/中心(C)/动态(D)/范围(E)/上一个(P)/比例(S)/窗口(W)/对象(O)]＜实时＞：

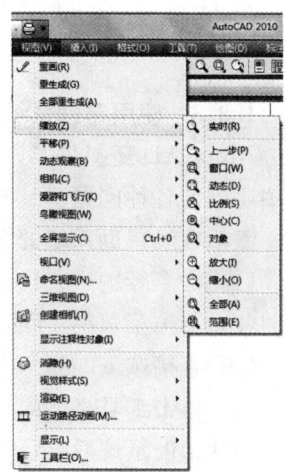

图1.29 "缩放"选项

各选项的意义如下。

1）全部（A）。输入 A 后回车，AutoCAD 将屏幕缩放到图形界限，或显示图形界限及包含整个图形的最大区域。

2）中心（C）。指定视图缩放中心点，将视图移动到绘图区域的中心，然后根据用户输入的放大比例值或高度值居中缩放视图。

3）动态（D）。AutoCAD 使用视图框动态确定缩放范围来实现缩放显示视图，动态框调整大小后回车。

4）范围（E）。"范围"这个选项的功能是满屏显示整个图形。它不受图形界限的限制，只把当前图形中的所有对象尽量充满屏幕并显示出来。

5）上一步（P）。输入 P 后回车，AutoCAD 将恢复上一次显示的图形窗口，最多可以恢复前 10 次显示过的图形。

6）比例（S）。以指定的比例因子（nX 或 nXP）缩放显示，与默认操作项相同。

7）窗口（W）。缩放显示由两个角点定义的矩形窗口框定的区域，与默认操作项相同。

8）对象。将选定的一个或多个对象尽可能大的显示并使其位于绘图区域的中心。

9）实时。这是默认选项，输入命令后不选择选项，直接回车，这时在视图界面上的光标就会变成放大镜图标，按住左键拖动光标上、下移动，就可以实现放大、缩小，可以反复操作直至回车退出（或右击，选择快捷菜单的"退出"），还可以按 Esc 键退出。

在平常操作过程，用户可以非常方便的运用鼠标滚轮实现缩放命令的常规功能，如双击滚轮实现"范围"缩放功能，上下滚动滚轮实现"实时缩放"功能。

1.8.2.2 平移视图

平移命令是在不改变图形对象大小和显示比例的情况下，观察当前图形的不同部位，

操作者可以把图形"拖放"到屏幕的不同位置,就相当于传统手工绘图时用手移动图纸来进行观察。

激活平移命令的方法如下。

(1) 命令行输入"PAN"↙。

(2) 单击菜单栏中"视图"→"平移"→"实时"。

(3) 单击工具栏上的"实时平移"图标 。

激活命令后,光标变成小手图标 ,按住左键,就可以上、下、左、右拖动图形了。另一种更简单的方法是:在不需激活"平移"命令的情况下,按住滚轮实现"实时平移"功能。

1.8.3 使用帮助系统

AutoCAD 还提供了详细的在线帮助,内含用户手册、命令参考等。在学习和使用过程中碰到的各种问题可及时调用系统帮助来解决。

激活在线帮助系统的方法有以下几种。

(1) 命令行输入"Help"或问号"?"↙。

(2) 单击菜单栏"帮助"→"帮助"。

(3) 直接按 F1 键。

(4) 单击工具栏上的"帮助"按钮 。

激活帮助系统后显示"帮助"主界面,如图 1.30 所示主界面的"目录"卡中有详细的用户手册、命令参考等,展开后可以查找到所需的内容。

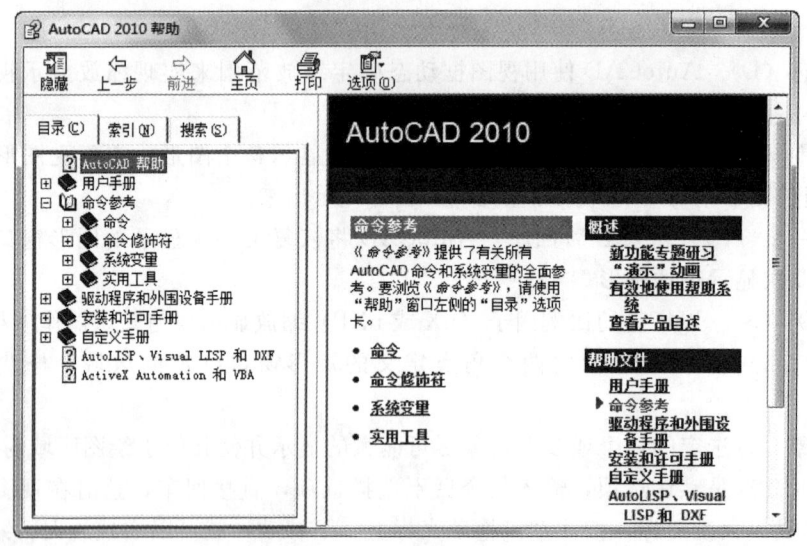

图 1.30 "AutoCAD 2010 帮助"主界面

"帮助"命令可透明使用,即在其他命令执行过程中可查询该命令的帮助信息。"帮助"命令主要有两种应用。

1) 在命令执行过程中调用在线帮助。例如,执行 Line 命令,在出现"指定第一点:"

提示时单击"帮助"按钮,则在弹出的"AutoCAD 2010 帮助"窗口中自动出现与 Line 命令有关的帮助信息。关闭该窗口则可继续执行未完成的 Line 命令。

2)在命令提示下,直接检索与命令或系统变量有关的信息。例如,欲查询 Line 命令的帮助信息,可以单击"帮助"按钮,在"索引"选项卡中输入 Line,则 AutoCAD 定位到 Line 命令,并显示与 Line 命令有关的帮助信息。

习　题

1. 简答题

(1) AutoCAD 的基本功能有哪些?

(2) AutoCAD 2010 的工作界面主要由哪几个部分构成?

(3) 如何创建、打开、保存、另存为 AutoCAD 图形文件?

(4) AutoCAD 命令如何执行?

2. 实训题

要求:以 acadiso.dwt 为样板新建图形文件,对其进行如下操作与设置。

(1) 以 acadiso.dwt 为样板新建图形文件。

(2) 改变绘图窗口的背景颜色。

(3) 设置图形界限:以左下角(0,0)和右上角(594,420)为界限。

(4) 设置绘图单位:将长度单位设为小数,精度为 0.00;将角度单位设置为十进制单位,精度为 0,其余设置默认。

(5) 绘制两直角边分别为 100 和 200 的直角三角形。

(6) 将图形以文件名"直角三角形"保存在 D 盘。

学习项目 2 基本绘图命令

学习目标：
- 熟悉点的输入方法和点的绘制。
- 熟悉定数等分与定距等分。
- 掌握直线类对象（线段、构造线、矩形、正多边形、多段线、多线等）的绘制。
- 掌握曲线类对象（圆、圆弧、圆环、椭圆、椭圆弧、样条曲线）的绘制。

学习单元 2.1 点的输入与绘制

2.1.1 点的输入方法

很多命令需要指定点，如直线要指定端点，圆要指定圆心，三角形要指定顶点等。在 AutoCAD 绘图中点的输入方法有如下几种。

1. 鼠标直接拾取

当 AutoCAD 提示指定点的时候用鼠标直接在绘图区域内单击，单击一个点即输入了这个点的坐标值。如图 2.1 所示。

以绘制图 2.1 的三角形为例：

命令：_line
指定第一点：鼠标拾取点 1
指定下一点或 [放弃(U)]：鼠标拾取点 2
指定下一点或 [放弃(U)]：鼠标拾取点 3
指定下一点或 [闭合(C)/放弃(U)]：C   输入 c 闭合回车

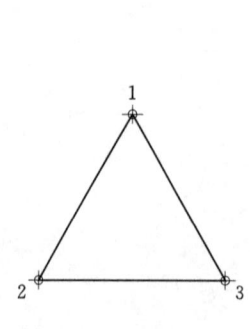

图 2.1 用鼠标拾取点

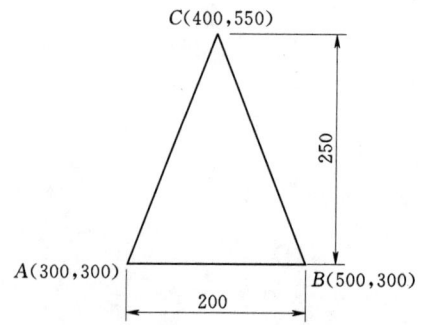

图 2.2 输入坐标值绘制三角形

2. 输入坐标

用输入坐标的方式绘制如图 2.2 所示三角形。

(1) 输入绝对坐标。

命令：_line
指定第一点：300,300　　　输入点 A,回车
指定下一点或 [放弃(U)]：500,300　　　输入点 B,回车
指定下一点或 [放弃(U)]：<对象捕捉 开> 400,550　　　输入点 C,回车
指定下一点或 [闭合(C)/放弃(U)]：c　　　闭合回车

(2) 输入相对坐标。

命令：_line
指定第一点：300,300　　　输入点 A,回车
指定下一点或 [放弃(U)]：@200,0　　　输入 B 点相对于 A 点坐标
指定下一点或 [放弃(U)]：@-100,250　　　输入 C 点相对于 B 点坐标
指定下一点或 [闭合(C)/放弃(U)]：c　　　闭合回车

(3) 输入极坐标。

用极坐标绘制如图 2.3 所示边长为 60 的正六边形。

命令：_line
指定第一点：　　鼠标指定点 1
指定下一点或 [放弃(U)]：@60<0　　　输入极坐标确定点 2
指定下一点或 [放弃(U)]：@60<60　　　输入极坐标确定点 3
指定下一点或 [闭合(C)/放弃(U)]：@60<120　　　输入极坐标确定点 4
指定下一点或 [闭合(C)/放弃(U)]：@60<180　　　输入极坐标确定点 5
指定下一点或 [闭合(C)/放弃(U)]：@60<240　　　输入极坐标确定点 6
指定下一点或 [闭合(C)/放弃(U)]：c　　　闭合回车

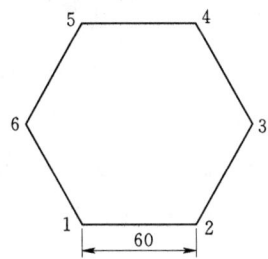
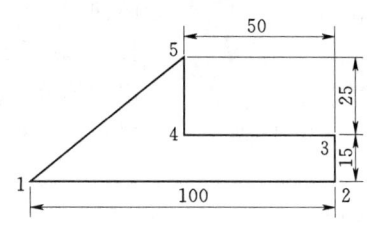

图 2.3　输入坐标值绘制正六边形　　　图 2.4　直接距离输入

3. 直接距离输入

执行直线命令并指定了第一点后，移动光标指示方向，然后输入相对于前一点的距离可以确定下一点，通常要配合极轴功能一起使用。

如图 2.4 所示图形，在"极轴追踪"功能开启并能保证追踪水平和垂直方向的情况下，其操作如下：

命令：_line 指定第一点：　　　　　单击鼠标确定 1 点
指定下一点或 [放弃(U)]：100　　　向右移动光标出现 0°极轴,输入距离 100 确定 2 点
指定下一点或 [放弃(U)]：15　　　向上移动光标出现 90°极轴,输入距离 15 确定 3 点

指定下一点或［闭合(C)/放弃(U)］：50　向左移动光标出现180°极轴,输入距离50确定4点
指定下一点或［闭合(C)/放弃(U)］：25　向上移动光标出现90°极轴,输入距离25确定5点
指定下一点或［闭合(C)/放弃(U)］：C　输入c,回车闭合图形

2.1.2　点的绘制

点是组成图形的最基本的对象，AutoCAD提供了点的多种绘制方法，用户可以根据不同的需要，选择相应的绘制方式。

1. 绘制点

点命令调用方法如下。

（1）单击菜单栏"绘图"→"点"→"单点"或"多点"。

（2）单击"绘图"工具栏中的点按钮。

（3）在命令行输入"Point"或"Po"↙。

默认方式下绘制的点只有一小点，几乎看不见，为了方便查看和区分点，在绘制点之前应先给点定义一种样式。

2. 设置点样式

执行"格式"下拉菜单，选择"点样式"，弹出如图2.5所示的"点样式"对话框，选择其中一种点的样式，单击"确定"按钮。

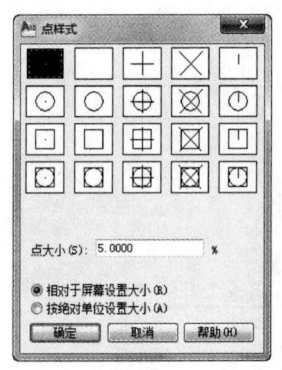

图2.5　"点样式"对话框

"点样式"对话框不仅可以设置点的样式还可以设置点的大小，在"点大小"输入框中可以指定点相对于屏幕的百分数或绝对大小。

2.1.3　点的等分

绘图时，有时需要将对象等分，这时可以调用AutoCAD中专门用于绘制等分点的命令，点的等分分为定数等分和定距等分两种。

1. 定数等分

定数等分命令的调用如下。

（1）单击菜单栏"绘图"→"点"→"定数等分"。

（2）在命令行输入"Divide"或"DIV"↙。

执行命令后，命令行会出现提示如下。

命令：_divide
选择要定数等分的对象：　　　选择要等分的对象,如图2.6所示直线
输入线段数目或［块(B)］：5　输入等分段数

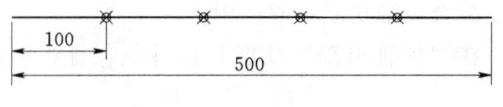

图2.6　五等分线段

定数等分在等分对象上按指定数目等间距地创建点对象或插入块，被等分对象仍为一个整体，并不分成若干独立对象。

2. 定距等分

调用定距等分命令的方法如下。

（1）单击菜单栏"绘图"→"点"→"定距等分"。

（2）在命令行输入"Measure"或"ME"↙。

执行命令后，命令行会出现提示如下。

命令：_measure
选择要定距等分的对象：　　选择要等分的对象，如图2.7所示直线
指定线段长度或［块(B)］:110　　输入等分距离

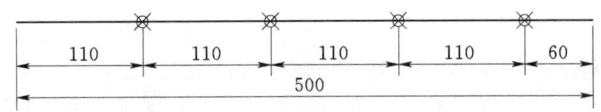

图 2.7　定距等分线段

定距等分在等分对象上用指定长度从一端开始测量，按此长度等间距地创建点对象或插入块，直到不足一个长度为止。

学习单元 2.2　直线类对象的绘制

利用 AutoCAD 可以绘制各种直线对象，包括线段、构造线、矩形、正多边形、多段线、多线等。

2.2.1　绘制直线

直线是构成图形对象的基本元素，它的绘制是通过指定直线的起点和终点完成的。
调用直线命令的方法如下。

（1）单击"绘图"工具栏中的直线按钮。

（2）单击菜单栏"绘图"→"直线"。

（3）在命令行输入"Line"或"L"↙。

绘制如图 2.8 所示图形，执行直线命令后，命令行提示如下。

命令：line　　　　　　　　　　输入命令,回车
指定第一点：　　　　　　　　任意指定直线起点1
指定下一点或［放弃(U)］：　　指定直线的另一端点2
指定下一点或［放弃(U)］：　　指定第二段直线的端点3
指定下一点或［闭合(C)/放弃(U)］：　输入C后回车,连接1点和3点,结束命令

直线命令的默认操作是依次指定一系列点，绘制连续的直线段，结束时按回车键或空格键。直线命令中有"闭合（C）"和"放弃（U）"两个选项，"闭合（C）"表示最后指定的一点与第一点相连，并退出命令；"放弃（U）"表示删除最近指定的点，即删除最后绘制的线段。

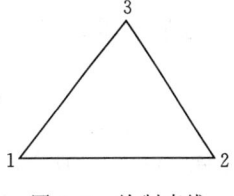

图 2.8　绘制直线

2.2.2 绘制构造线

调用构造线命令的方法如下。

(1) 单击"绘图"工具栏中的构造线按钮。

(2) 单击菜单栏"绘图"→"构造线"。

(3) 在命令行输入"Xline"或"XL"↙。

构造线命令用于创建过指定点（根点）的双向无限长直线。这种线模拟手工作图中的辅助作图线，它们用特殊的线型显示，图形输出时可不输出。

执行构造线命令，命令行出现如下提示。

命令：xline   输入命令
指定点或［水平(H)/垂直(V)/角度(A)/二等分(B)/偏移(O)］：   指定根点
指定通过点：   指定通过点，画一条双向无限长直线
指定通过点：   继续指定点，画第二条构造线
指定通过点：   继续指定点，继续画线，按回车键结束命令

命令行中各提示选项的意义分别如下。

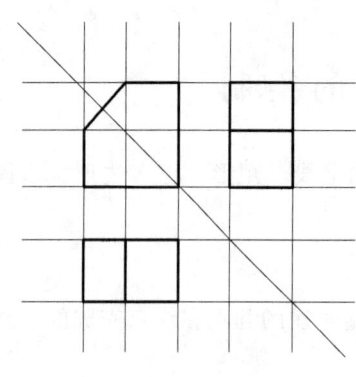

图2.9 构造线作三视图的辅助线

1）水平（H）。给出通过点，作出水平线。

2）垂直（V）。给出通过点，作出铅垂线。

3）角度（A）。指定直线和夹角后，给出通过点，作出与该直线具有夹角的参照线。

4）二等分（B）。指定角顶点1和角的一个端点2后，指定另一个端点3，则过点1画出∠213的平分线。

5）偏移（O）。指定直线1后，给出点2，则通过点2画出直线1的平行线。

在绘图过程中，经常使用构造线作为绘制多面投影图的辅助线，以保证三视图之间"长对正、高平齐、宽相等"，如图2.9所示。

2.2.3 绘制矩形

矩形是绘制平面图形时最常用的几何图形。AutoCAD提供了直接绘制矩形的命令，运用此命令，只要指定矩形的两个对角点即可确定矩形。

调用矩形命令的方法如下。

(1) 单击"绘图"工具栏中的矩形按钮□。

(2) 单击菜单栏"绘图"→"矩形"。

(3) 在命令行输入"Rectang"或"Rec"↙。

绘制如图2.10所示矩形，单击"绘图"工具栏中的矩形按钮□，命令行出现如下提示。

命令：_rectang
指定第一个角点或［倒角(C)/标高(E)/圆角(F)/厚度(T)/宽度(W)］：   指定第一个角点1
指定另一个角点或［面积(A)/尺寸(D)/旋转(R)］：   指定另一个对角点2,完成矩形

默认情况下，指定矩形的两个角点即可完成矩形，且矩形的边与 X、Y 轴平行。矩形命令绘制的矩形虽有 4 条边，但它是一个整体。

用户在绘制矩形时可进行多选设置，如绘制倒角、圆角矩形，设定矩形的宽度或厚度。下面介绍几种常用设置。

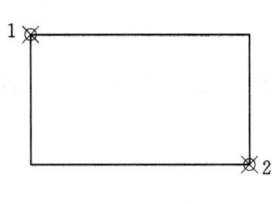
图 2.10 绘制矩形

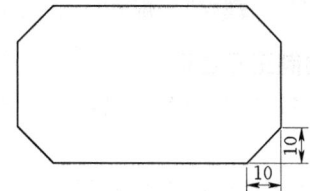
图 2.11 绘制倒角矩形

1. 绘制倒角矩形

"倒角（C）"选项用于绘制倒斜角的矩形，如图 2.11 所示。单击绘制矩形命令按钮，命令行出现以下提示。

命令：_rectang
指定第一个角点或［倒角(C)/标高(E)/圆角(F)/厚度(T)/宽度(W)］：c
指定矩形的第一个倒角距离 ＜0.0000＞：10
指定矩形的第二个倒角距离 ＜0.0000＞：10

默认情况下，矩形的第一个和第二个倒角距离都为 0，在绘制倒角矩形时需要对两个倒角距离分别进行设置，两个倒角距离可以相同也可以不相同。

2. 绘制圆角矩形

"圆角（F）"选项用于绘制倒圆角的矩形，如图 2.12 所示。单击绘制矩形命令按钮，命令行出现以下提示。

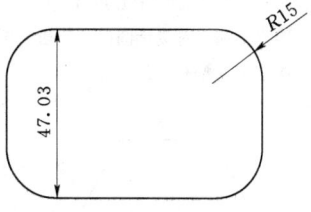
图 2.12 绘制圆角矩形

命令：_rectang
指定第一个角点或［倒角(C)/标高(E)/圆角(F)/厚度(T)/宽度(W)］：f   选择圆角选项
指定矩形的圆角半径 ＜0.0000＞：15   指定圆角半径
指定第一个角点或［倒角(C)/标高(E)/圆角(F)/厚度(T)/宽度(W)］：   指定第一角点
指定另一个角点或［面积(A)/尺寸(D)/旋转(R)］：   指定第二角点

当矩形的短边长度小于 2 倍半径时，矩形不绘制圆角。

3. 根据尺寸绘制矩形

"尺寸（D）"选项用于绘制已知尺寸的矩形。单击绘制矩形命令按钮，命令行出现以下提示。

命令：_rectang
当前矩形模式：圆角＝15.0000
指定第一个角点或［倒角(C)/标高(E)/圆角(F)/厚度(T)/宽度(W)］：   指定第一个角点
指定另一个角点或［面积(A)/尺寸(D)/旋转(R)］：d   选择尺寸选项
指定矩形的长度 ＜0.0000＞：50   输入矩形的长度

指定矩形的宽度 <0.0000>：30　　　　　　　　输入矩形的宽度
指定另一个角点或[面积(A)/尺寸(D)/旋转(R)]：　鼠标单击一点以确定矩形的方位

此外，"宽度（W）"选项用于指定矩形的线宽；"标高（E）"选项用于指定矩形标高（Z坐标），也就是把矩形绘制在标高为Z，和XY平面平行的平面上；"厚度（T）"用于指定矩形的厚度。后两项一般用于三维绘图中。

2.2.4　绘制正多边形

使用"正多边形"命令可以绘制边数为3～1024的二维正多边形。绘制出的正多边形为一个整体。

调用正多边形命令的方法如下。

（1）单击"绘图"工具栏中的正多边形按钮 。

（2）单击菜单栏"绘图"→"正多边形"。

（3）在命令行输入"Polygon"或"Pol"✓。

执行"正多边形"命令时，先要求输入正多边形的边数，确定边数后有两种绘制正多边形的方法可供选择。

1. 指定中心点绘制正多边形

按指定中心点绘制一正六边形，其操作步骤如下。

命令：_polygon 输入边的数目 <4>：6　　　　执行命令，输入边数，默认绘制四边形
指定正多边形的中心点或[边(E)]：　　　　　　指定正多边形的中心点
输入选项[内接于圆(I)/外切于圆(C)] <I>：　　选择正多边形的绘制方式,默认方式为内接于圆（图2.13）
指定圆的半径：24　　　　　　　　　　　　　指定外接圆或内切圆的半径

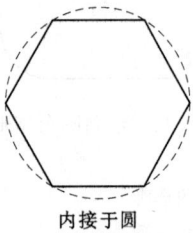　　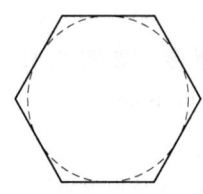　　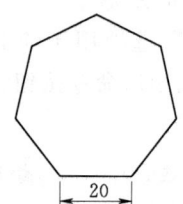

内接于圆　　　　　　　外切于圆

图2.13　内接于圆（I）和外切于圆（C）方式　　图2.14　根据边长绘制正七边形

2. 指定边长绘制正多边形

按指定边长绘制如图2.14所示正七边形，其操作步骤如下。

命令：_polygon 输入边的数目 <6>：7　　　　执行命令,输入边数7
指定正多边形的中心点或[边(E)]：e　　　　　选择"边(E)"选项
指定边的第一个端点：指定边的第二个端点：20　输入边长

2.2.5　绘制多段线

多段线是一种由直线段或直线段与圆弧组合而成的可以设置线宽的组合体，在绘图过程中应用广泛。默认情况下绘制多段线同绘制直线命令一样，可以指定一系列点连续绘制线段，但无论一条多段线有多少段，它都是一个独立的对象。

调用多段线命令的方法如下。
(1) 单击"绘图"工具栏中的多段线按钮 。
(2) 单击菜单栏"绘图"→"多段线"。
(3) 在命令行输入"Pline"或"Pl"✓。
执行命令后,命令行会出现以下提示。

命令：_pline	执行命令
指定起点：	指定多段线的起点
当前线宽为 0.0000	
指定下一个点或[圆弧(A)/半宽(H)/长度(L)/放弃(U)/宽度(W)]：	指定下一点或进行设置

多段线各选项的功能如下。

1) 圆弧 (A)。从绘制直线方式切换到绘制圆弧方式。
2) 半宽 (H) 或宽度 (W)。设置多段线的半宽或宽度,可以分别设置起点或终点宽度。
3) 长度 (L)。指定绘制的线段的长度。
4) 放弃 (U)。删除多段线上的上一段直线段或圆弧段,可以重复操作,依次取消直至全部删除。

1. 绘制具有宽度的多段线

图 2.15 (a) 所示多段线的绘制步骤如下。

命令：_pline	
指定起点：	
当前线宽为 0.0000	
指定下一个点或[圆弧(A)/半宽(H)/长度(L)/放弃(U)/宽度(W)]：w	选择"宽度(W)"选项
指定起点宽度 <0.0000>：1.5	指定多段线起点宽度
指定端点宽度 <1.5000>：	指定多段线终点宽度
指定下一个点或[圆弧(A)/半宽(H)/长度(L)/放弃(U)/宽度(W)]：50	输入距离,指定多段线长度
指定下一点或[圆弧(A)/闭合(C)/半宽(H)/长度(L)/放弃(U)/宽度(W)]：	回车结束命令

如图 2.15 (b) 所示,该多段线的绘制步骤如下。

命令：_pline	
指定起点：	
当前线宽为 0.0000	
指定下一个点或[圆弧(A)/半宽(H)/长度(L)/放弃(U)/宽度(W)]：w	选择"宽度(W)"选项
指定起点宽度 <0.0000>：5	指定第一段多段线起点宽度
指定端点宽度 <5.0000>：	指定第一段多段线终点宽度
指定下一个点或[圆弧(A)/半宽(H)/长度(L)/放弃(U)/宽度(W)]：20	输入距离,指定多段线长度
指定下一点或[圆弧(A)/闭合(C)/半宽(H)/长度(L)/放弃(U)/宽度(W)]：w	选择"宽度(W)"选项
指定起点宽度 <5.0000>：10	指定第二段多段线起点宽度
指定端点宽度 <10.0000>：0	指定第二段多段线终点宽度
指定下一点或[圆弧(A)/闭合(C)/半宽(H)/长度(L)/放弃(U)/宽度(W)]：	10 指定第二段多段线长度
指定下一点或[圆弧(A)/闭合(C)/半宽(H)/长度(L)/放弃(U)/宽度(W)]：	

(a) (b)	

图 2.15 绘制具有宽度多段线　　　图 2.16 绘制直线和圆弧组合多段线

2. 绘制直线和圆弧组成的多段线

如图 2.16 所示，该多段线由直线和圆弧组合而成，其绘制步骤如下。

命令：_pline
指定起点：
当前线宽为 1.5000
指定下一个点或 [圆弧(A)/半宽(H)/长度(L)/放弃(U)/宽度(W)]：25　　　指定直线段多段线长度
指定下一点或 [圆弧(A)/闭合(C)/半宽(H)/长度(L)/放弃(U)/宽度(W)]：a　　　转入圆弧方式
指定圆弧的端点或[角度(A)/圆心(CE)/闭合(CL)/方向(D)/半宽(H)/
直线(L)/半径(R)/第二个点(S)/放弃(U)/宽度(W)]：r　　　指定为"半径"方式
指定圆弧的半径：8　　　输入半径值
指定圆弧的端点或 [角度(A)]：a　　　指定圆弧包含角度
指定包含角：−180　　　输入圆弧包含角度
指定圆弧的弦方向 <0>：−90　　　输入圆弧弦方向
指定圆弧的端点或[角度(A)/圆心(CE)/闭合(CL)/方向(D)/半宽(H)/
直线(L)/半径(R)/第二个点(S)/放弃(U)/宽度(W)]：l　　　转入直线方式
指定下一点或 [圆弧(A)/闭合(C)/半宽(H)/长度(L)/放弃(U)/宽度(W)]：3　　　指定直线段长度
指定下一点或 [圆弧(A)/闭合(C)/半宽(H)/长度(L)/放弃(U)/宽度(W)]：w　　　指定多段线宽度
指定起点宽度 <1.5000>：4　　　输入起点宽度值
指定端点宽度 <4.0000>：0　　　输入终点宽度值
指定下一点或 [圆弧(A)/闭合(C)/半宽(H)/长度(L)/放弃(U)/宽度(W)]：3　　　指定直线段长度

2.2.6 绘制多线

多线是由多条平行线组成的组合对象，它可以包含 1~16 条平行线，这些平行线称为图元，平行线之间的间距可以进行设定。多线在建筑工程图中应用广泛，常用来绘制墙线，在道路工程图中可以用来绘制道路标线。

1. 多线的绘制

调用多线命令的方法如下。

（1）单击菜单栏"绘图"→"多线"。
（2）在命令行输入"Mline"或"Ml"✓。

执行命令后，命令行会出现以下提示。

命令：_mline
当前设置：对正 = 上，比例 = 20.00，样式 = STANDARD
指定起点或 [对正(J)/比例(S)/样式(ST)]：　　　指定1点(图 2.17)
指定下一点：　　　指定2点
指定下一点或 [放弃(U)]：　　　指定3点
指定下一点或 [闭合(C)/放弃(U)]：　　　指定4点

多线的绘制与直线类似,依次指定一系列点可连续绘制,执行一次"多线"命令绘制出的多线是一个整体,跟多线的段数无关。

多线的各选项意义如下。

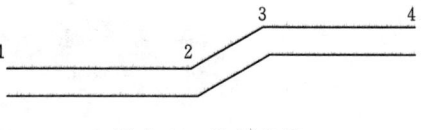

图 2.17 绘制多线

"对正(J)"选项确定双线与指定点之间的位置关系。对正类型分"上(T)"、"无(Z)"、"下(B)"三种。默认是上对正。如图 2.18 所示,三种对正方式的含义如下。

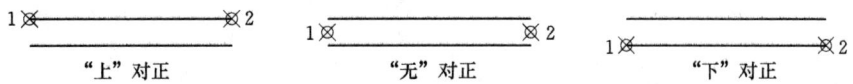

图 2.18 多线的对正方式(1、2 点为拾取点)

"比例(S)"选项确定多线的宽度。实际宽度为多线样式设置的宽度乘以比例。如双线设置宽度为 1,当比例为 20 时,双线间距为 20。

"样式(ST)"选项用于指定已定义的其他样式。当命令行出现"指定起点或[对正(J)/比例(S)/样式(ST)]:"时,输入已定义的样式名称就可以切换到该样式。

2. 设置多线样式

设置多线样式,就是设置多线图元的数量和图元的特性。执行"格式"→"多线样式"命令,系统弹出"多线样式"对话框,如图 2.19 所示。该对话框中提供了当前正在使用的多线及其名称,在这里可以设置自己需要的多线样式。下面以创建"37 墙"样式为例,说明设置多线样式的步骤。

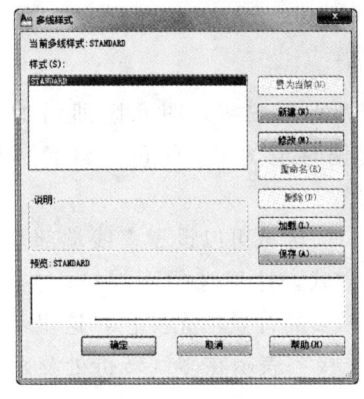

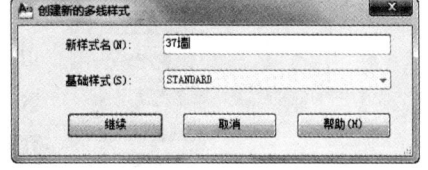

图 2.19 "多线样式"对话框 1   图 2.20 "创建新的多线样式"对话框

(1)命名新多线样式。在"多线样式"对话框单击"新建"按钮,弹出"创建新的多线样式"对话框,在新样式名中输入 37 墙,如图 2.20 所示。新样式基于默认样式"Standard"。

单击"继续",弹出"新建多线样式:37 墙"对话框,可填写样式说明,如图 2.21 所示。

(2)设置图元特性。在"图元"区域列出了"Standard"样式图元的特征,包括偏

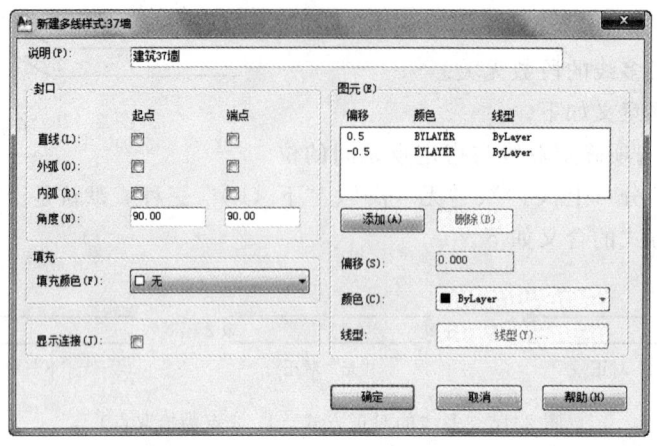

图 2.21 "新建多线样式：37墙"对话框

移、颜色和线型。分别单击偏移值为 0.5 和 －0.5 的图元，将"偏移（S）"输入框中的值分别改为 120 和 －250，颜色、线型不变，如图 2.22 所示。

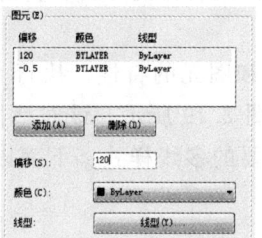 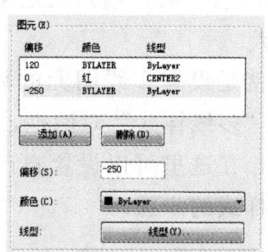

图 2.22 设置图元特性

单击"添加"按钮，图元区即增加一个图元，设置其偏移值为 0、颜色为红色、线型为"CENTER2"。

在"封口"区域可以设置多线端部是否封口以及封口的方式，这里选择不封口；在"填充"区域可以选择多的背景填充颜色，这里不进行填充；"显示连接"表示在多线转折处显示端部的封口图形，这里不选择。

这些特征设置好之后，单击"确定"返回"多线样式"对话框，如图 2.23 所示。通过对话框下端可预览到新建的"37墙"样式，单击"置为当前"按钮，就可以进行"37墙"的绘制了。还可以将新建的"37墙"保存为 .mln 文件，以便在其他图形文件中通过"加载"来调用。

图 2.23 "多线样式"对话框 2

学习单元 2.3 曲线类对象的绘制

圆、圆弧、样条曲线等是绘图过程中经常遇到的曲线类对象，AutoCAD 提供了强大的曲线绘制功能，以下分别介绍圆、圆弧、圆环、椭圆、椭圆弧、样条曲线的绘制。

2.3.1 绘制圆

圆在绘图过程中经常出现，如在公路工程设计中圆管涵设计、桥梁的桩基础设计等。调用圆命令的方法如下。

（1）单击"绘图"工具栏中的圆图标按钮 。

（2）单击菜单栏"绘图"→"圆"，选择一种绘制方式。

（3）在命令行输入"Circle"或"C"↙。

执行菜单命令"绘图"→"圆"，出现了如图 2.24 所示的级联菜单，AutoCAD 提供了圆的 6 种绘制方法，在绘制过程中应根据具体条件灵活选择。下面对圆的绘制方法进行介绍。

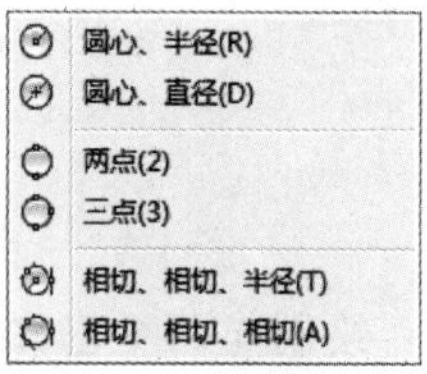

图 2.24 圆的 6 种绘制方法

1. "圆心、半径"法和"圆心、直径"法

"圆心、半径"法是默认绘制圆的方法，其操作步骤如下。

命令：_circle　　　　　　　　　　　　　　　　执行命令
指定圆的圆心或 [三点(3P)/两点(2P)/切点、切点、半径(T)]：　　指定圆的圆心
指定圆的半径或 [直径(D)]：　　　　　　　　　　指定圆的半径,命令结束

与"圆心、半径"法不同的是"圆心、直径"法需要在出现"指定圆的半径或 [直径(D)]："的提示时输入字母 D，按回车键，指定直径，其操作步骤如下。

命令：_circle
指定圆的圆心或 [三点(3P)/两点(2P)/切点、切点、半径(T)]：
指定圆的半径或 [直径(D)] <127.1294>：d
指定圆的直径 <254.2587>：200

或者直接通过菜单选择"圆心、直径"方式，当提示"_d 指定圆的直径"时输入直径值即可。

2. 两点法

已知的两点连成一条直线可以构成圆的直径，从而可确定唯一的圆。

命令：_circle
指定圆的圆心或 [三点(3P)/两点(2P)/切点、切点、半径(T)]：2p
指定圆直径的第一个端点：
指定圆直径的第二个端点：

3. 三点法

不在同一条直线上的三点可以确定唯一的圆。依次指定圆上三点即可绘制圆，步骤如下。

命令：_circle
指定圆的圆心或［三点(3P)/两点(2P)/切点、切点、半径(T)］：3p
指定圆上的第一个点：
指定圆上的第二个点：
指定圆上的第三个点：

4．"相切、相切、半径"法

用这个方法时要确定与圆相切的两个对象，并且要确定圆的半径。如图 2.25 所示，用"相切、相切、半径"绘制与已知直线段相切的圆和已知两圆的公切圆。

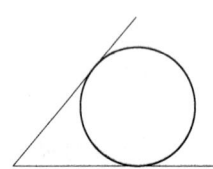
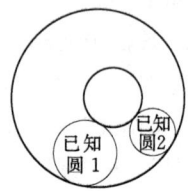

图 2.25 "相切、相切、半径"法绘制圆

绘制与两个已知线段相切的圆，步骤如下。

命令：_circle
指定圆的圆心或［三点(3P)/两点(2P)/切点、切点、半径(T)］：t   选择"相切、相切、半径"方式
指定对象与圆的第一个切点：   移动鼠标到一已知直线上，出现切点符号时拾取点
指定对象与圆的第二个切点：   移动鼠标到另一已知直线上，出现切点符号时拾取点
指定圆的半径 <218.6566>：240   指定圆的半径，完成绘制

绘制已知两圆的公切圆，步骤如下。

命令：_circle
指定圆的圆心或［三点(3P)/两点(2P)/切点、切点、半径(T)］：t
指定对象与圆的第一个切点：
指定对象与圆的第二个切点：
指定圆的半径 <200.0000>：300   输入半径值，绘制大公切圆
命令：_circle
指定圆的圆心或［三点(3P)/两点(2P)/切点、切点、半径(T)］：t
指定对象与圆的第一个切点：
指定对象与圆的第二个切点：
指定圆的半径 <300.0000>：100   输入半径值，绘制小公切圆

在绘制已知两圆的公切圆时，尽量在实际切点附近拾取切点，否则，会出现内切或外切的多种结果。

5．"相切、相切、相切"法

用此方法绘制圆时，要确定与圆相切的三个对象。如图 2.26 所示三角形的公切圆，其绘制步骤如下。

命令：_circle 指定圆的圆心或［三点(3P)/两点(2P)/切点、切点、半径(T)］：_3p
指定圆上的第一个点：_tan 到   移动鼠标到一已知边上，出现切点符号时拾取点 1

学习单元 2.3 曲线类对象的绘制

指定圆上的第二个点：_tan 到	移动鼠标到另一已知边上,出现切点符号时拾取点 2
指定圆上的第三个点：_tan 到	移动鼠标到第三条已知边上,出现切点符号时拾取点 3

2.3.2 绘制圆弧

圆弧是圆的一部分,在工程图样中,它常会被用来作为直线间的连接部分,如公路路线平面图中的单圆曲线就是这种类型。调用圆弧命令的方法如下。

（1）单击"绘图"工具栏中的圆弧图标按钮 。

（2）单击菜单栏"绘图"→"圆弧",选择一种绘制方式。

（3）在命令行输入"Arc"或"A"↙。

AutoCAD 提供了多种绘制圆弧的方法,绘制时需根据具体条件选择,下面简要介绍其中 4 种。

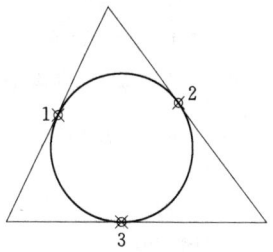

图 2.26 "相切、相切、相切"法绘制圆

1. "三点"法

这是绘制圆弧的默认方式,用户需要指定圆弧上的起点、第二点和端点即可绘制圆弧。

命令：_arc 指定圆弧的起点或 [圆心(C)]：　　　指定起点 1,如图 2.27 所示
指定圆弧的第二个点或 [圆心(C)/端点(E)]：指定第二点 2
指定圆弧的端点：　　　　　　　　　　　　指定端点 3

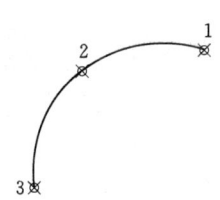 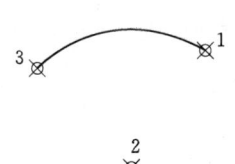 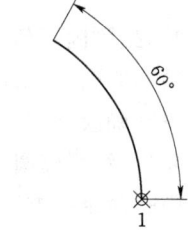

图 2.27 "三点"法绘制圆弧　　图 2.28 "起点、圆心、端点"法绘制圆弧　　图 2.29 "起点、圆心、角度"法绘制圆弧

AutoCAD 默认逆时针为正方向,因此,在绘制圆弧时最好顺着逆时针方向绘制,这样才能保证所绘制的圆弧是所需要的圆弧。

2. "起点、圆心、端点"法

当已知圆弧的起点、圆心和端点时,可选择这种方法绘制。如图 2.28 所示,用"起点、圆心、端点"法绘制圆弧的步骤如下。

命令：_arc 指定圆弧的起点或 [圆心(C)]：　　　　　　　　　　　指定圆弧起点 1
指定圆弧的第二个点或 [圆心(C)/端点(E)]：_c 指定圆弧的圆心：指定圆弧圆心 2
指定圆弧的端点或 [角度(A)/弦长(L)]：　　　　　　　　　　　 指定圆弧端点 3

3. "起点、圆心、角度"法

只有已知圆弧的起点、圆心和角度,才能选择这种方法绘制。如图 2.29 所示,用"起点、圆心、角度"法绘制圆弧的步骤如下。

35

命令：_arc 指定圆弧的起点或 [圆心(C)]：　　　　指定圆弧的起点 1
指定圆弧的第二个点或 [圆心(C)/端点(E)]：_c 指定圆弧的圆心：指定圆弧的圆心 2
指定圆弧的端点或 [角度(A)/弦长(L)]：_a 指定包含角：60　　输入圆弧包含角

4. "起点、端点、半径"法

如果已知圆弧的两个端点和半径，可以用这种方式绘制圆弧，绘制步骤如下。

命令：_arc 指定圆弧的起点或 [圆心(C)]：　　　　执行命令,指定圆弧的起点
指定圆弧的第二个点或 [圆心(C)/端点(E)]：e　　选择端点选项
指定圆弧的端点：　　　　　　　　　　　　　　　指定端点
指定圆弧的圆心或 [角度(A)/方向(D)/半径(R)]：50　输入半径值

2.3.3　绘制圆环

调用圆环命令的方法如下。

（1）单击菜单栏"绘图"→"圆环"。

（2）在命令行输入"Donut"或"DO"✓。

执行命令后，命令行会出现以下提示。

命令：_donut
指定圆环的内径 <0.5000>：　　　指定圆环内径
指定圆环的外径 <1.0000>：　　　指定圆环外径
指定圆环的中心点或 <退出>：　　指定圆环中心点

2.3.4　绘制椭圆与椭圆弧

手工绘制椭圆是一件非常麻烦的事情，但 AutoCAD 利用其强大的计算和绘图功能，可以帮用户准确绘制椭圆和椭圆弧。

2.3.4.1　绘制椭圆

调用椭圆命令的方法如下。

（1）单击"绘图"工具栏中的椭圆图标按钮。

（2）单击菜单栏"绘图"→"椭圆"，选择一种绘制方式。

（3）在命令行输入"Ellipse"或"EL"✓。

椭圆有两种绘制方法，分别介绍如下。

1. "端点、半轴长"法

如图 2.30（a）所示，先指定椭圆一条轴的两个端点，再指定另一轴的半轴长，操作步骤如下。

命令：_ellipse
指定椭圆的轴端点或 [圆弧(A)/中心点(C)]：　指定轴端点 1
指定轴的另一个端点：　　　　　　　　　　　指定轴端点 2
指定另一条半轴长度或 [旋转(R)]：　　　　　指定另一轴长度的一半

2. "中心、端点、半轴长"法

如图 2.30（b）所示，先指定椭圆的中心，再指定椭圆轴的一个端点，最后指定另一半轴长，操作步骤如下。

命令：_ellipse
指定椭圆的轴端点或[圆弧(A)/中心点(C)]：c   选择中心点选项
指定椭圆的中心点：   指定中心点 1
指定轴的端点：   指定轴端点 2
指定另一条半轴长度或[旋转(R)]：   指定另一条半轴长

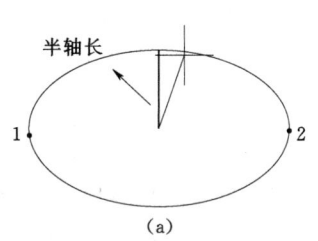
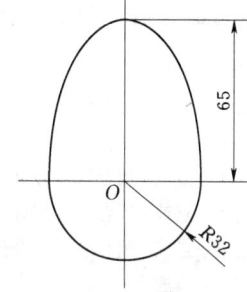

图 2.30 椭圆的绘制   图 2.31 圆弧和椭圆弧组合图形

2.3.4.2 绘制椭圆弧

椭圆弧是椭圆的一部分，利用选项"圆弧（A）"即可绘制椭圆弧，或单击"绘图工具栏"上的椭圆弧图标按钮  也可绘制，绘制椭圆弧的方法与绘制椭圆相似，只是需要指定起始角度和终止角度。

如图 2.31 所示圆弧和椭圆弧组合图形的绘制。

绘制圆弧部分步骤如下。

命令：arc   执行圆弧命令
指定圆弧的起点或[圆心(C)]：c   采用圆心方式绘制圆弧
指定圆弧的圆心：   捕捉轴线交点 O 点作为圆弧圆心
指定圆弧的起点：@-32,0   输入相对坐标，确定圆弧起点位置
指定圆弧的端点或[角度(A)/弦长(L)]：a   采用包含角度方式绘制圆弧
指定包含角：180   输入包含角，圆弧部分绘制完成

绘制椭圆弧部分步骤如下。

命令：_ellipse   执行椭圆命令
指定椭圆的轴端点或[圆弧(A)/中心点(C)]：a   选择绘制椭圆弧选项
指定椭圆弧的轴端点或[中心点(C)]：c   选择以中心点方式绘制椭圆弧
指定椭圆弧的中心点：   捕捉轴线交点 O 点作为椭圆弧中心
指定轴的端点：@0,65   输入相对坐标值，确定椭圆长轴端点位置
指定另一条半轴长度或[旋转(R)]：   捕捉圆弧任一端点，确定椭圆弧短轴长度
指定起始角度或[参数(P)]：   捕捉圆弧右侧端点，确定椭圆弧起点
指定终止角度或[参数(P)/包含角度(I)]：   捕捉圆弧左侧端点，确定椭圆弧终点，椭圆弧部分结束

2.3.5 绘制样条曲线

在绘图过程中除了绘制圆、圆弧、椭圆等规则曲线外，很多时候还用到一些不规则的曲线，如地形图中的等高线，以及剖面图中的波浪线等，这些曲线都无法使用圆或圆弧命

令来准确绘制，而必须使用 AutoCAD 提供的样条曲线和徒手画线命令来完成绘制。

调用样条曲线命令的方法如下。

(1) 单击"绘图"工具栏中的样条曲线图标按钮。

(2) 单击菜单栏"绘图"→"样条曲线"。

(3) 在命令行输入"Spline"或"SPL"↙。

执行命令后，命令行会出现以下提示。

命令：_spline
指定第一个点或［对象(O)］：   指定第 1 点
指定下一点：   指定第 2 点
指定下一点或［闭合(C)/拟合公差(F)］＜起点切向＞：指定第 3 点
指定下一点或［闭合(C)/拟合公差(F)］＜起点切向＞：指定第 4 点
指定下一点或［闭合(C)/拟合公差(F)］＜起点切向＞：指定第 5 点
指定下一点或［闭合(C)/拟合公差(F)］＜起点切向＞：回车结束点的输入
指定起点切向：   指定起点切线方向,回车取默认方向
指定端点切向：   指定端点切线方向,回车取默认方向

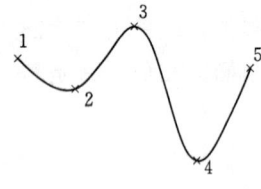

图 2.32　绘制样条曲线

执行样条曲线命令后，在绘图区域指定一系列点，系统就会沿这些点生成一条光滑曲线，如图 2.32 所示。命令执行过程中出现的选项"闭合（C）"其功能是使最后一点与起点重合，构成封闭的样条曲线；"拟合公差（F）"选项可以修改当前样条曲线的拟合公差，拟合公差表示样条曲线与控制点的拟合精度，公差为 0 时样条曲线通过拟合点，默认拟合公差为 0。

习　题

1. 实训题

(1) 用多段线命令绘制如图 2.33 所示图形，线宽取 0.8。

(2) 用圆及圆弧命令绘制如图 2.34 所示图形。

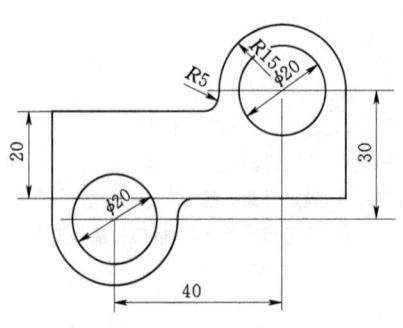

图 2.33　多段线练习

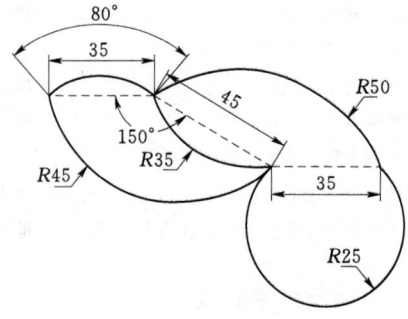

图 2.34　圆弧组合图形

(3) 用圆和圆环命令绘制如图 2.35 所示图形。
(4) 试用样条曲线绘制如图 2.36 所示地形等高线。

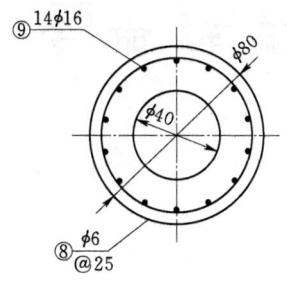

图 2.35　桥墩立柱钢筋断面图

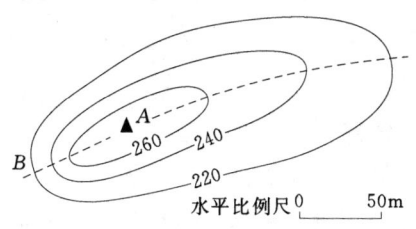

图 2.36　地形等高线

学习项目 3 基 本 编 辑 命 令

学习目标：
- 熟悉选择对象的常用方法。
- 掌握复制、镜像、偏移和阵列等复制类命令。
- 掌握改变对象的位置和大小的方法。
- 掌握倒圆角和倒斜角的操作方法。
- 掌握分解对象的方法。

使用前面章节所学命令绘制图形以后，一般需要经过多次编辑修改才能逐渐完善。AutoCAD 提供了功能强大的图形编辑与修改命令，它与绘图命令是用户使用 AutoCAD 作图的两类基本的命令，缺一不可，只有熟练掌握这些命令才能进行最基本的作图。AutoCAD 提供了两种使用图形编辑功能的方法：一种方法是先调用命令，然后按提示选择要编辑的对象；另一种方法是先选择对象，再调用编辑命令。

在 AutoCAD 2010 中，编辑命令一般可以通过以下 3 种方法调用。

（1）通过选取【修改】菜单中的选项。可以单击【修改】菜单中相应选项调用编辑命令。

（2）通过选取【修改】工具栏中的相应工具按钮，【修改】工具栏如图 3.1 所示。

图 3.1 【修改】工具栏

（3）通过在命令行键入相应的图形编辑命令。

学习单元 3.1 构 造 选 择 集

在 AutoCAD 中无论用上面哪种编辑命令对已绘制的对象进行修改都需要选择修改对象。当选择了一个或多个对象时，就构成了一个选择集。系统提供了多种构造选择集的方法，对象被选中后呈虚线显示。默认情况下，用户可以逐个地拾取对象或利用矩形、交叉窗口一次选取多个对象。

1. 直接点取创建选择集（点取法）

在系统提示"选择对象："时，直接用鼠标将拾取框移动到要选择的对象上，再单击即可选中对象，每单击一次选中一个对象，可以连续选择，被选中对象以虚线显示，按回车或空格键结束选择。

2. 矩形窗口选择法（窗口法）

在系统提示"选择对象："时，用鼠标在要编辑的对象的左上角或左下角单击，然后自左上向右下（或自左下向右上）拖动鼠标，AutoCAD 会在绘图区上显示出一个矩形实线方框，当此实线框将所要选择的图形对象完全框住后（图 3.2），再单击，此时处于矩形窗口中所有的对象（不包含与矩形边相交的对象）被选中，被选中的对象以虚线显示。如图 3.2 所示图形，圆形完全被矩形框框住，两条直线没有被完全框住，所以只有圆形被选中，而两条直线没有被选中。

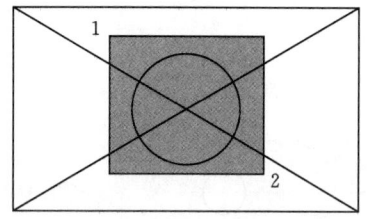
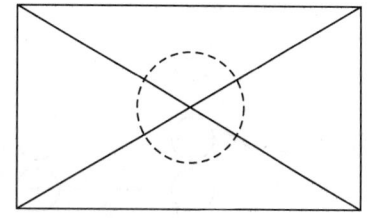

图 3.2 矩形窗口方式选中对象

3. 交叉窗口选择法（窗交法）

用光标在要编辑的对象的右下角或右上角单击一点，然后自右下向左上（或自右上向左下）拖出一个矩形方框，此矩形方框以虚线显示，当该矩形方框将要选择的对象框住或与要选择的对象相交时，再单击，则框内的对象和与框边相交的对象全部被选中。如图 3.3 所示图形，被该方框包含的对象（圆）或与该方框相交的对象（两条直线）均被选中。

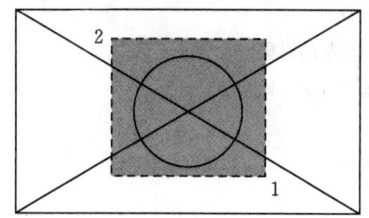
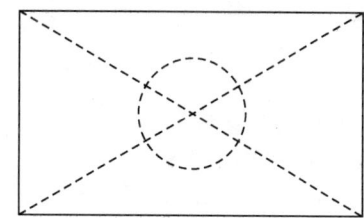

图 3.3 交叉窗口方式选中对象

学习单元 3.2　复制类操作

在同一图形上经常会出现相同的对象，如果每次都重画一遍，那么效率就比较低了，这就需要用到图形的复制类操作。就是先绘出其中的一个，其他的相同对象通过复制类命令生成，相同对象越复杂，数量越多，越能显示出复制类命令的优越性。AutoCAD 有多种复制操作，包括复制（Copy）、镜像（Mirror）、偏移（Offset）和阵列（Array）等命令，它们能快速对实体进行各种形式的复制。

3.2.1　复制

复制命令就是对图中已有的对象进行复制。它是图形编辑中一个很重要的方法，可以避免一次次地重复劳动。

调用复制命令的方法如下。

(1) 单击"修改工具栏"中复制按钮。

(2) 单击菜单栏"修改"→"复制"。

(3) 在命令行输入"Copy"或"Co"↙。

下面以图 3.4 为例,用复制命令完成图 3.4 中所示柱网,操作方法如下。

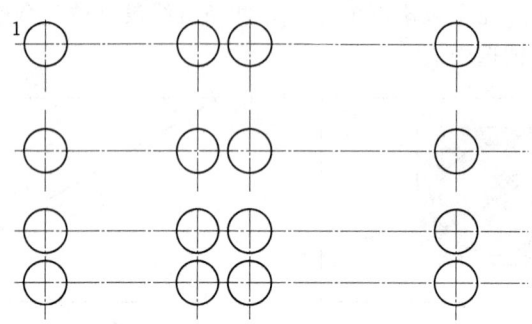

图 3.4 复制完成柱网

1) 先绘制圆柱 1。

命令:_circle 指定圆的圆心或 [三点(3P)/两点(2P)/相切、相切、半径(T)]:
指定圆的半径或 [直径(D)] <270.5329>:40

2) 用复制完成所有的圆柱。

命令:_copy	输入命令
选择对象:找到 1 个	选择要复制的对象
选择对象:	继续选择对象或回车结束选择
当前设置:复制模式 = 多个	
指定基点或 [位移(D)] <位移>:	单击圆心
指定第二个点或 [退出(E)/放弃(U)] <退出>:	单击第一个交点
指定第二个点或 [退出(E)/放弃(U)] <退出>:	单击第二个交点
指定第二个点或 [退出(E)/放弃(U)] <退出>:	单击第三个交点
指定第二个点或 [退出(E)/放弃(U)] <退出>:	单击第四个交点
指定第二个点或 [退出(E)/放弃(U)] <退出>:	单击第五个交点
指定第二个点或 [退出(E)/放弃(U)] <退出>:	单击第六个交点
指定第二个点或 [退出(E)/放弃(U)] <退出>:	单击第七个交点
指定第二个点或 [退出(E)/放弃(U)] <退出>:	单击第八个交点
指定第二个点或 [退出(E)/放弃(U)] <退出>:	单击第九个交点
指定第二个点或 [退出(E)/放弃(U)] <退出>:	单击第十个交点
指定第二个点或 [退出(E)/放弃(U)] <退出>:	单击第十一个交点
指定第二个点或 [退出(E)/放弃(U)] <退出>:	单击第十二个交点
指定第二个点或 [退出(E)/放弃(U)] <退出>:	单击第十三个交点
指定第二个点或 [退出(E)/放弃(U)] <退出>:	单击第十四个交点
指定第二个点或 [退出(E)/放弃(U)] <退出>:	单击第十五个交点

当在指定基点时输入"D"后,系统提示:"指定位移 <0.0000,0.0000,0.0000>:",

学习单元 3.2 复制类操作

输入位移点坐标后，按位移点复制。

通过这种方式可以将选定对象进行多份复制。在复制图形时，图形只能做平行移动，不能旋转。

除了可以使用 Copy 命令复制对象外，AutoCAD 还可以使用 Windows 应用程序标准的鼠标拖放操作或剪贴板操作来实现选择集的复制和移动，同时还支持多文档工作环境的复制命令。

3.2.2 镜像

在绘图过程中，经常需要生成某一对象的镜像。在 AutoCAD 中通过镜像命令（Mirror）可以很容易地产生某一对象相对于某一对称轴的镜像，可以选择保留源对象，也可删除源对象。图形镜像命令是将选定的对象沿一条指定的直线对称复制。

调用镜像命令的方法如下。

（1）单击"修改工具栏"中镜像按钮 。

（2）单击菜单栏"修改"→"镜像"。

（3）在命令行输入"Mirror"或"Mi"✓。

下面以图 3.5 为例，用镜像命令完成图 3.5 中所示柱网，操作方法如下。

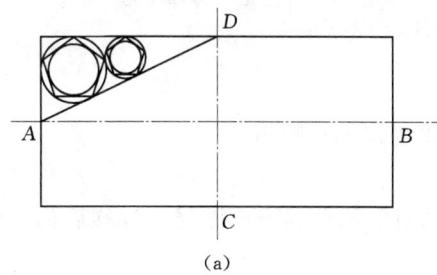 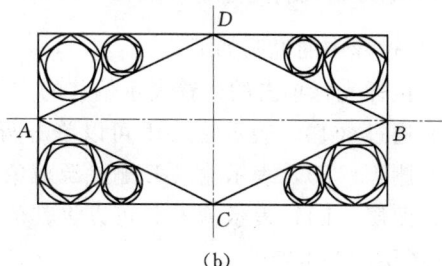

图 3.5　镜像

1）先完成图 3.5（a）。

2）用镜像完成 AB 轴线以上部分。

命令：_mirror	调用命令
选择对象:指定对角点:找到 7 个	用窗口方式选中要镜像的对象
选择对象:指定镜像线的第一点:指定镜像线的第二点:	依次单击 C 点和 D 点
要删除源对象吗？[是(Y)/否(N)]<N>:	回车

3）用镜像完成全部。

命令：_mirror	调用命令
选择对象:指定对角点:找到 14 个	用窗口方式选中要镜像的对象
选择对象:指定镜像线的第一点:指定镜像线的第二点:	依次单击 A 点和 B 点
要删除源对象吗？[是(Y)/否(N)]<N>:	回车

选项说明："要删除源对象吗？[是(Y)/否(N)]<N>:"中，输入 Y 表示删除源对象，输入 N 或回车表示保留源对象。

3.2.3 偏移

偏移命令是将对象（直线、多段线、样条曲线、射线、构造线、圆、圆弧、椭圆、椭圆弧等）做定距离的复制，可以生成相对于已有对象平行的直线、曲线、同心圆等。在偏移的过程中，对象的大小比例有可能发生变化。

调用偏移命令的方法如下。

（1）单击"修改工具栏"中偏移按钮 。

（2）单击菜单栏"修改"→"偏移"。

（3）在命令行输入"Offset"或"O" 。

下面以图 3.6 为例，用偏移命令完成图 3.6 中所示边长为 100 的正五边形的偏移，操作方法如下。

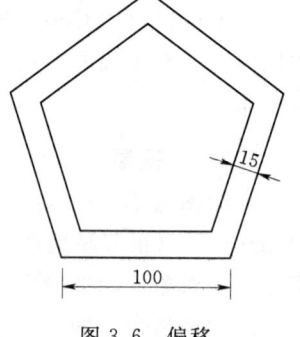

图 3.6 偏移

命令：_offset   调用命令
当前设置：删除源＝否 图层＝源 OFFSETGAPTYPE＝0
指定偏移距离或［通过(T)/删除(E)/图层(L)］<通过>：15   输入偏移距离 15 回车
选择要偏移的对象，或［退出(E)/放弃(U)］<退出>：   拾取正五边形
指定要偏移的那一侧上的点，或［退出(E)/多个(M)/放弃(U)］<退出>：在正五边形内部任选一点

操作过程中的说明如下。

1）鼠标光标单击的位置表示偏移的方向。

2）通过（T），表示输入 T 可以单击两个点来确定偏移距离。

3）删除（E），表示输入 E 删除源对象。

4）图层（L），表示输入 L 可以将其他图层的对象偏移到当前图层，偏移后的对象具有当前图层的基本特性

3.2.4 阵列

在使用 AutoCAD 绘图时，常常需要重复绘制多个同样的图形，虽然使用复制命令可以复制多个对象，但如果所复制的对象需要在 X 轴或 Y 轴上是等间距的分布，或者围绕一个中心旋转时，使用阵列命令将会更加简单快捷。

阵列命令用来对选中的一个或多个对象进行一次或多次复制，并构成一种规则的模式排列，这种规则的模式排列即称为阵列。

调用阵列命令的方法如下。

（1）单击"修改工具栏"上阵列按钮 。

（2）单击菜单栏"修改"→"阵列"。

（3）在命令行输入"Array"或"Ar" 。

输入阵列命令后，弹出阵列对话框，如图 3.7 所示。阵列方式分为矩形阵列和环形阵列，矩形阵列是将对象按行列排列，环形阵列是将对象绕一点环绕排列。

1. 矩形阵列

这种阵列要求说明阵列的行数、列数、行间距和列间距，阵列的行间距和列间距可以不同。

学习单元 3.2 复制类操作

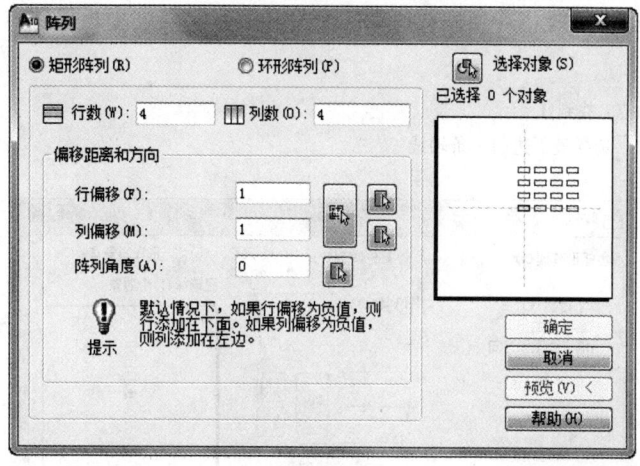

图 3.7 阵列对话框

下面以图 3.8（c）为例，用阵列命令完成图 3.8 中所示柱网，操作方法如下。

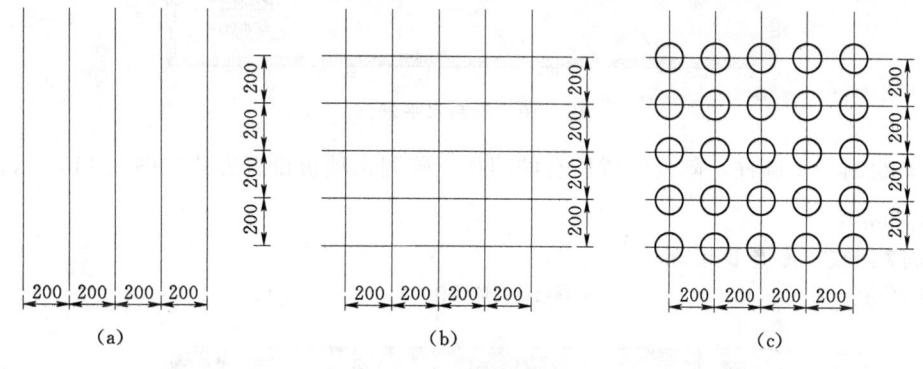

(a)　　　　　　　　　　(b)　　　　　　　　　　(c)

图 3.8 矩形阵列

（1）绘制一条竖向轴线，阵列完成所有的竖向轴线，阵列对话框设置方式如图 3.9 所示。

命令：_array　　　　　　调用命令，打开阵列对话框

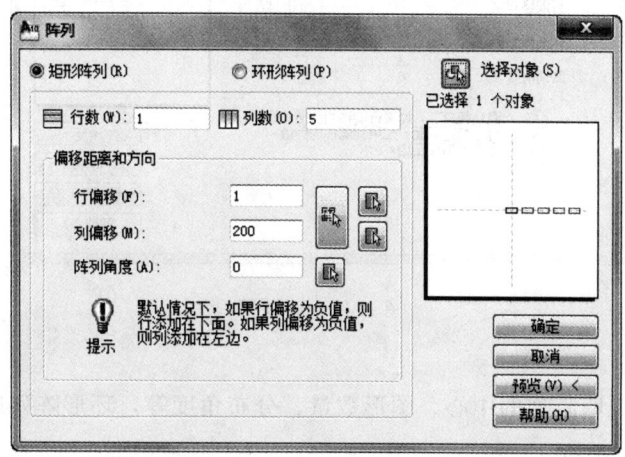

图 3.9 阵列对话框，设置竖向轴网间距

45

(2) 绘制一条水平轴线，阵列完成所有的水平轴线，阵列选项板设置方式如图3.10所示。

命令：_array
选择对象：指定对角点：找到 1 个
选择对象：　　　　选择最下边的一条轴线

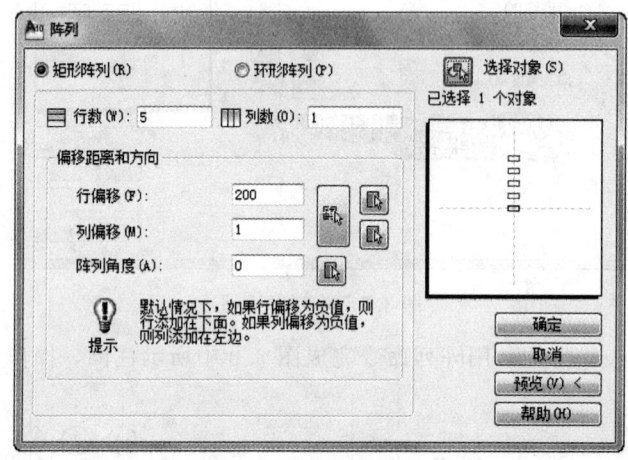

图 3.10　绘制水平轴网

(3) 绘制一个圆柱，阵列完成所有的圆柱，阵列选项板设置方式如图3.11所示。

命令：_array
选择对象：指定对角点：找到 1 个
选择对象：　　　　选择已绘制的圆柱

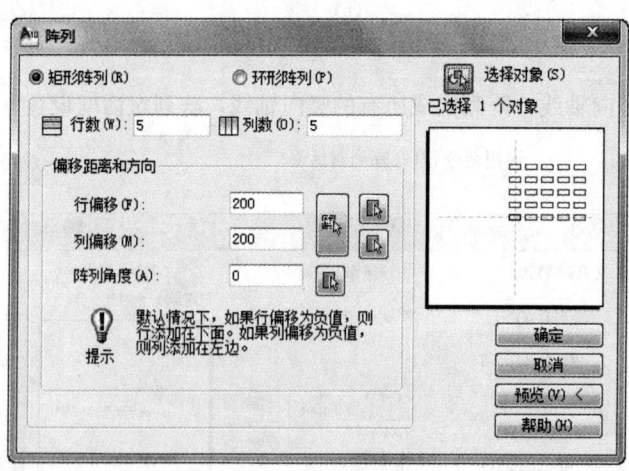

图 3.11　圆柱网

2. 环形阵列

这种阵列要求说明阵列的中心、图形数量、分布角度等，环形阵列还可以使对象绕中心旋转。

操作方法与矩形阵列相同，只是阵列对话框设计方式不同，环形阵列选项板如图 3.12 所示。

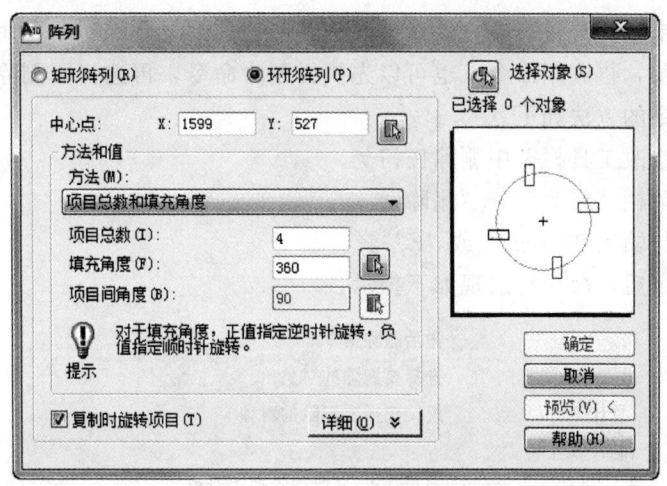

图 3.12　环形阵列选项板

说明：
(1) 中心点。即环绕的中心，可以输入坐标值确定，也可以用鼠标拾取。
(2) 项目总数。环形阵列后对象的总数。
(3) 填充角度。环绕的总的角度。
(4) 项目间角度。环形阵列中相邻两个对象所夹的圆心角。

如图 3.13 所示绘制图 3.13（a）后，完成图 3.13（b）的环形阵列。

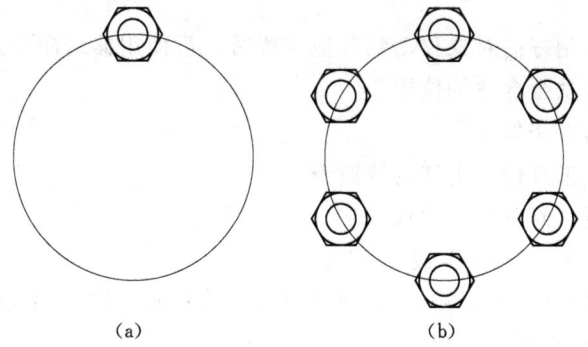

(a)　　　　　　　　(b)

图 3.13　环形阵列

操作如下：
(1) 执行命令，弹出"阵列"对话框，选择"环形阵列"，如图 3.12 所示。
(2) 单击"选择对象"按钮，选择已经画好的需阵列的图形。
(3) 回到"阵列"对话框，单击"中心点"后面的按钮，拾取大圆的中心，即阵列中心。
(4) 回到"阵列"对话框，输入总项目为 6，（包括已绘制好的一个），输入阵列范围角度 360°。

(5) 单击"确定"完成，也可通过预览窗口预览阵列，然后再确定或修改完成操作。

3.2.5 删除

删除命令用来删除图形对象，该命令没有任何选项。要删除对象，用户可以先用光标选择要删除的对象，再调用命令，也可以先执行删除命令，再选择要删除的对象。

调用删除命令的方法如下。

(1) 单击"修改工具栏"中删除按钮。

(2) 单击菜单栏"修改"→"删除"。

(3) 在命令行输入"Erase"或"E"。

执行删除命令后，命令行出现如下提示：

命令：_erase   激活删除命令
选择对象：找到 1 个   选择要删除的对象
选择对象：找到 1 个,总计 2 个   继续选择要删除的对象
选择对象：找到 1 个,总计 3 个
选择对象：   回车结束,同时删除选中对象

学习单元3.3　改变对象的位置和大小

在绘图的过程中，经常会出现将绘好的图形改变位置和大小等情况，这类命令比较多，操作也很灵活，同一作图结果可能有多种途径来实现。改变图形的位置和大小主要包括移动、旋转、拉伸和改变实体长度等命令。

3.3.1 移动

当用户希望将绘制好的对象移动到其他位置时，可使用移动命令。移动命令允许用户将一个或多个对象移动至合适的位置。

调用移动命令的方法如下。

(1) 单击"修改工具栏"中移动按钮。

(2) 单击菜单栏"修改"→"移动"。

(3) 在命令行输入"Move"或"M"。

下面介绍移动命令的使用方法，将如图 3.14（a）所示圆从 A 点移动到 C 点，如图 3.14（b）所示，操作步骤如下。

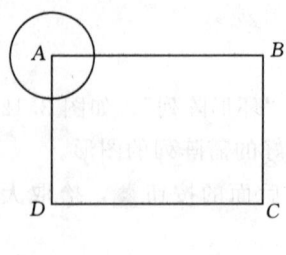
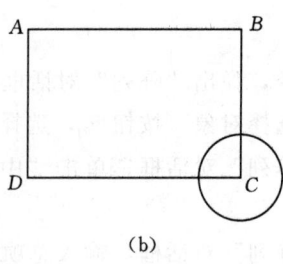

图 3.14　移动命令

学习单元 3.3　改变对象的位置和大小

命令：MOVE	调用命令
选择对象：找到 1 个	选择圆
选择对象：	选择完毕,回车
指定基点或〔位移(D)〕<位移>：	单击 A 点作为基点
指定第二个点或<使用第一个点作为位移>：	单击 C 点,结束命令

3.3.2　旋转

使用旋转命令可以将对象以指定的基点为中心旋转一个角度。

调用旋转命令的方法如下。

（1）单击"修改工具栏"中旋转按钮。

（2）单击菜单栏"修改"→"旋转"。

（3）在命令行输入"Rotate"或"Ro"✓。

执行命令后,命令行会出现提示如下。

命令：_rotate	
UCS 当前的正角方向：ANGDIR＝逆时针　ANGBASE＝0	角度逆时针为正,顺时针为负
选择对象：找到 1 个	选择要旋转的对象
选择对象：	回车结束选择
指定基点：	单击旋转的中心点
指定旋转角度,或〔复制(C)/参照(R)〕<0>：	输入旋转角度,回车

在选择要旋转的对象之后,命令窗口出现"指定旋转角度,或〔复制(C)/参照(R)〕<0>"的提示,其中各选项的意义说明如下：

1) 复制（C），表示输入 C 回车,将对象旋转的同时,保留源对象；

2) 参照（R），表示输入 R,可以输入参照角,当旋转的绝对角度未知时,可以采用指定参照物的方式指定参照角。

绘制如图 3.15 所示的大小两个五角星,并使小五角星的一个角指向大五角星的中心点。

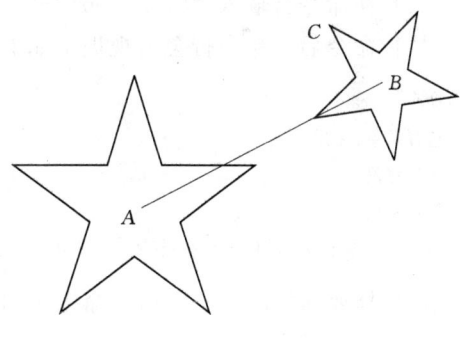

图 3.15　参照旋转

步骤如下：

a. 绘制大小两个正五边形,通过修剪得到大小两个五角星,并分别找到其中心点 A 点和 B 点（外接圆的圆心）。

b. 激活旋转命令。

c. 选择小五角星,回车。

d. 指定 B 点作为基点。

e. 再输入角度之前,输入 R,回车确认。

f. 在指定参照角时,先单击 B 点,再单击 C 点（把直线 BC 作为参照角）。

g. 再单击 A 点（即把直线 AB 作为旋转之后的角度）完成。

参照旋转操作方法如下：

命令：_rotate
UCS 当前的正角方向：ANGDIR＝逆时针　ANGBASE＝0
选择对象：指定对角点：找到 11 个　　　　　选择小五角星
选择对象：　　　　　　　　　　　　　　　　回车确定
指定基点：　　　　　　　　　　　　　　　　单击 B 点
指定旋转角度，或［复制(C)/参照(R)］＜50＞：　输入 r 回车
指定参照角＜162＞：指定第二点：　　　　　单击 C 点
指定新角度或［点(P)］＜0＞：　　　　　　　单击 A 点完成

3.3.3 缩放

使用缩放命令可以将对象以指定的基点为中心进行放大和缩小操作。缩放命令可以用下面两种方式缩放对象。

(1) 选择缩放对象的基点，然后输入缩放比例因子。在缩放图形的过程中，缩放基点在屏幕上的位置将保持不变，它周围的图元将以此点为中心按给定的比例放大或缩小。

(2) 输入一个数值或拾取两点来指定一个参考长度（第一个数值），然后再输入新的数值或拾取另外一点（第二个值），系统将计算两个数值的比率并以此比率作为缩放比例因子。当用户想将某一对象放大到特定尺寸时，就可以使用这种方法。

1. 调用缩放命令的方法

(1) 单击"修改工具栏"中缩放按钮 。

(2) 单击菜单栏"修改"→"缩放"。

(3) 在命令行输入"Scale"或"SC"✓。

执行命令后，命令行会出现提示如下。

命令：_scale
选择对象：找到 1 个　　　　　　　　　　　选择对象
选择对象：　　　　　　　　　　　　　　　　回车确认并结束选择
指定基点：　　　　　　　　　　　　　　　　单击基点
指定比例因子或［复制(C)/参照(R)］＜2.0000＞：　输入比例因子回车

在选择要缩放的对象之后，命令窗口出现"指定比例因子，或［复制(C)/参照(R)］＜0＞"，选项说明：

1) 指定比例因子，直接输入缩放比例因子，系统将根据比例因子缩放图形。若比例因子小于 1，则缩小对象；若大于 1，则放大对象。

2) 复制（C），表示输入 C 回车，将对象缩放的同时，保留源对象。

3) 参照（R），表示输入 R，可以输入参照比例因子，当缩放的绝对比例因子未知时，可以采用指定参照物的方式指定缩放比例因子。

2. 绘制图形

绘制如图 3.16（a）所示的图形。

操作方法如下：

(1) 任意绘制一个正四边形，以其中心点为圆心绘制一个半径为 100 的圆，如图 3.16（b）所示。

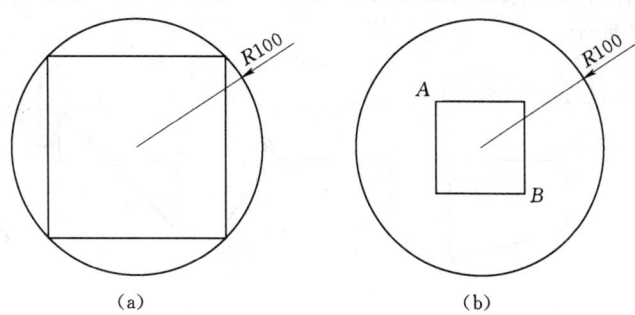

图 3.16 参照缩放

命令：_polygon 输入边的数目 <4>：	回车默认边数为 4
指定正多边形的中心点或 [边(E)]：e	输入 e
指定边的第一个端点：指定边的第二个端点：	配合极轴单击指定正四边形的两个角点
命令：	回车结束
命令：_circle 指定圆的圆心或 [三点(3P)/两点(2P)/相切、相切、半径(T)]：	指定矩形中心点为圆心
指定圆的半径或 [直径(D)]：100	指定圆的半径值

（2）利用参照缩放，将正四边形的对角线缩放成 200，操作如下。

命令：_scale	
选择对象：找到 1 个	单击正四边形
选择对象：	回车确认并结束选择
指定基点：	单击圆心
指定比例因子或 [复制(C)/参照(R)] <1.0000>：r	输入 r 回车
指定参照长度 <100.0000>：指定第二点：	依次单击 A 点和 B 点
指定新的长度或 [点(P)] <100.0000>：200	输入 200 回车

3.3.4 拉伸

拉伸是将对象中指定的部分进行移动，并保持和其他未移动部分相连接，拉伸部分的移动方向与光标移动的方向一致。

1. 调用拉伸命令的方法

（1）单击"修改工具栏"中拉伸按钮。

（2）单击菜单栏"修改"→"拉伸"。

（3）在命令行输入"Stretch"或"S"↙。

执行拉伸命令后，命令行提示如下。

命令：_stretch	
以交叉窗口或交叉多边形选择要拉伸的对象…	以窗交方式框选要拉伸的部分
选择对象：指定对角点：找到 1 个	
选择对象：	回车确认
指定基点或 [位移(D)] <位移>：	单击任一点作为基点
指定第二个点或 <使用第一个点作为位移>：	单击第二点确定拉伸的距离

以矩形为例，拉伸时窗交选择要拉伸的对象时，窗交方式只包含矩形一个端点，则拉伸的效果如图 3.17 所示。

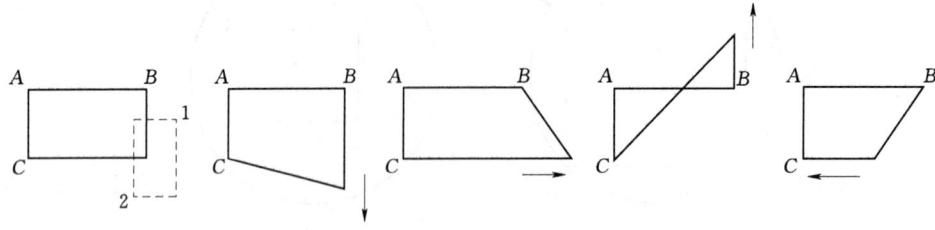

图 3.17 拉伸效果 1

若窗交方式只包含矩形两个端点，则拉伸的效果如图 3.18 所示。

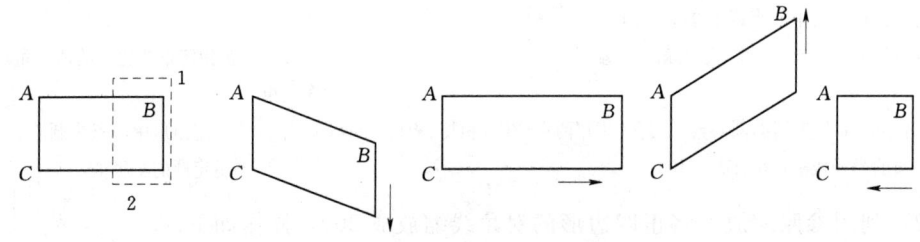

图 3.18 拉伸效果 2

2. 拉伸操作要点

（1）选择对象方式：只能用窗交方式选择，不能用窗口方式选择。

（2）对象变化规律：在窗口内的端点随鼠标移动，窗口外的端点不动，窗口内没有端点则拉伸无效。

（3）对于圆、椭圆、文字这类对象，窗口若包含圆或椭圆的圆心、文字的插入点时，拉伸等于移动，若没有包含，则拉伸无效。

3.3.5 对齐

使用对齐命令可以同时移动、旋转一个对象使之与另一对象对齐。例如，用户可以使图形对象中的某个点、某条直线或某一面（三维实体）与另一实体的点、线、面对齐。操作过程中，用户只需按照 AutoCAD 的提示指定源对象与目标对象的一点、两点或三点即可。

调用对齐命令的方法如下。

（1）单击菜单栏"修改"→"三维实体"→"对齐"。

（2）在命令行输入"Align"或"AL"✓。

下面以图 3.19 为例，使用对齐命令将图 3.19（a）修改为图 3.19（b）。

命令：AL
ALIGN 调用命令
选择对象：指定对角点：找到 24 个 选择源对象
选择对象： 回车结束选择

指定第一个源点：	捕捉第一个源点 A 点
指定第一个目标点：	捕捉第一个目标点 B
指定第二个源点：	捕捉第二个源点 C
指定第二个目标点：	捕捉第二个目标点 D
指定第三个源点或＜继续＞：	回车结束选择
是否基于对齐点缩放对象？[是(Y)/否(N)]＜否＞：	回车不缩放源对象

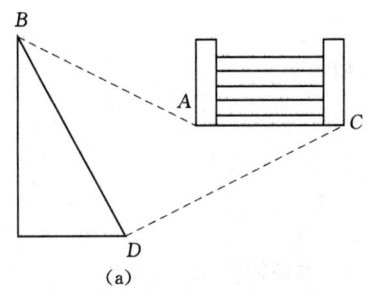
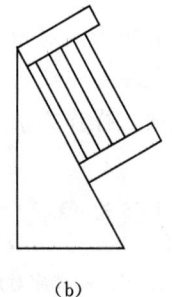

(a)　　　　　　　　　　　　　　　(b)

图 3.19　对齐命令

3.3.6　修剪

1. 调用修剪命令的方法

(1) 单击"修改工具栏"中修剪按钮。

(2) 单击菜单栏"修改"→"修剪"。

(3) 在命令行输入"Trim"或"Tr"。

如图 3.20 所示，要将直线 AB 修剪成 AE，操作方法如下。

命令：_trim	
当前设置：投影＝UCS,边＝无	
选择剪切边...	
选择对象或＜全部选择＞：找到 1 个	单击修剪边界直线 CD
选择对象：	回车结束选择
选择要修剪的对象,或按住 Shift 键选择要延伸的对象,或 [栏选(F)/窗交(C)/投影(P)/边(E)/删除(R)/放弃(U)]：	单击要修剪的直线 EB
选择要修剪的对象,或按住 Shift 键选择要延伸的对象,或 [栏选(F)/窗交(C)/投影(P)/边(E)/删除(R)/放弃(U)]：	回车结束

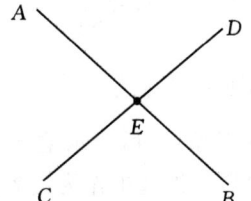
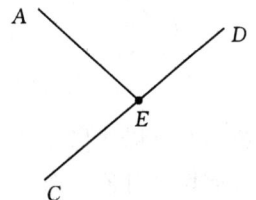

图 3.20　修剪

2. 实例

下面以绘制五角星为例,介绍修剪命令的使用方法。

(1) 绘制正五边形,操作如下。

命令:_polygon 输入边的数目<4>:5　　　　　输入边数
指定正多边形的中心点或[边(E)]:e　　　　　指定边绘制五边形
指定边的第一个端点:指定边的第二个端点:100　输入五边形的边长,回车绘制完成

(2) 连接正五边形的对角线。

用直线命令完成对角线,并且删除正五边形。

(3) 修剪完成,操作方法如下。

命令:_trim
当前设置:投影=UCS,边=无
选择剪切边...
选择对象或<全部选择>:指定对角点:找到 5 个　　框选全部直线
选择对象:　　　　　　　　　　　　　　　　　　回车确认并结束选择
选择要修剪的对象,或按住 Shift 键选择要延伸的对象,或　单击 AB 直线
[栏选(F)/窗交(C)/投影(P)/边(E)/删除(R)/放弃(U)]:
选择要修剪的对象,或按住 Shift 键选择要延伸的对象,或　单击 BC 直线
[栏选(F)/窗交(C)/投影(P)/边(E)/删除(R)/放弃(U)]:
选择要修剪的对象,或按住 Shift 键选择要延伸的对象,或　单击 CD 直线
[栏选(F)/窗交(C)/投影(P)/边(E)/删除(R)/放弃(U)]:
选择要修剪的对象,或按住 Shift 键选择要延伸的对象,或　单击 DE 直线
[栏选(F)/窗交(C)/投影(P)/边(E)/删除(R)/放弃(U)]:
选择要修剪的对象,或按住 Shift 键选择要延伸的对象,或　单击 EA 直线
[栏选(F)/窗交(C)/投影(P)/边(E)/删除(R)/放弃(U)]:
选择要修剪的对象,或按住 Shift 键选择要延伸的对象,或　回车结束

完成五角星,如图 3.21 所示。

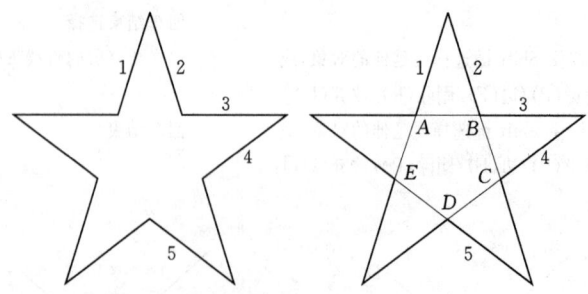

图 3.21　五角星及形成过程

调用命令后,第一个目标选择提示,即"选择对象:"后要求输入的对象是作为边界的对象,不是要进行剪切的对象。选择完边界对象后,被选中作为边界的对象会有醒目显示,一般为由实线变为虚线。第二个目标选择提示要求输入的是被剪切的对象,单击的对象在边界的一侧即被剪切掉。

除了直线可以修剪外,多段线、多线、矩形、正多边形、圆及圆弧、椭圆及椭圆弧等都可以修剪。

3.3.7 延伸

延伸是将线段、曲线等对象延伸到一个边界对象上,使其与边界对象相交,其操作方法与修剪相似。有时边界对象可能是隐含边界,即延伸对象并不与边界直接相交,而是与边界的隐含部分(延长线)相交。

调用延伸命令的方法如下。

(1) 单击"修改工具栏"中延伸按钮 。

(2) 单击菜单栏"修改"→"延伸"。

(3) 在命令行输入"Extend"或"Ex"✓。

执行命令后,命令行会出现以下提示。

命令:_extend
当前设置:投影=UCS,边=无
选择边界的边 ...   选择延伸边界
选择对象或＜全部选择＞:找到 1 个
选择对象: 回车确认选择结束
选择要延伸的对象,或按住 Shift 键选择要修剪的对象,或
[栏选(F)/窗交(C)/投影(P)/边(E)/放弃(U)]:   单击要延伸的对象
选择要延伸的对象,或按住 Shift 键选择要修剪的对象,或
[栏选(F)/窗交(C)/投影(P)/边(E)/放弃(U)]:   回车结束

可延伸的对象必须是有端点的对象,如直线段、射线、多线、圆弧、椭圆弧等,而不能是无端点的对象,如圆、参照线等。

如图 3.22 所示,将线段 A、B 延伸到线段 C。

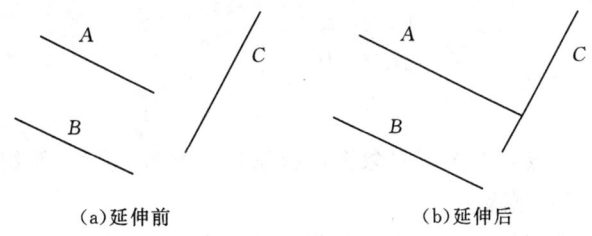

(a)延伸前   (b)延伸后

图 3.22 延伸线段

命令:_extend
当前设置:投影=UCS,边=无
选择边界的边 ...
选择对象或＜全部选择＞:找到 1 个   选择延伸边界 C
选择对象: 回车结束选择
选择要延伸的对象,或按住 Shift 键选择要修剪的对象,或
[栏选(F)/窗交(C)/投影(P)/边(E)/放弃(U)]:   选择要延伸的线段 A
选择要延伸的对象,或按住 Shift 键选择要修剪的对象,或
[栏选(F)/窗交(C)/投影(P)/边(E)/放弃(U)]:e   利用"边(E)"选项将线段 B 延伸到隐含边界

输入隐含边延伸模式 [延伸(E)/不延伸(N)] <不延伸>：e	输入选项 e
选择要延伸的对象,或按住 Shift 键选择要修剪的对象,或 [栏选(F)/窗交(C)/投影(P)/边(E)/放弃(U)]：	选择要延伸的线段 B
选择要延伸的对象,或按住 Shift 键选择要修剪的对象,或 [栏选(F)/窗交(C)/投影(P)/边(E)/放弃(U)]：*取消*	回车或 Esc 键退出

3.3.8 打断于点与打断

打断命令可以删除对象的一部分，常用于打断线段、圆、圆弧或椭圆弧等，使用此命令既可以在一个点处打断对象，也可以在指定的两个点间打断对象。

调用打断命令的方法如下。

(1) 单击"修改工具栏"中打断按钮。

(2) 单击菜单中"修改"→"打断"。

(3) 在命令行输入"Break"或"Br"✓。

如图 3.23 所示，使用 Break 命令将图 3.23（a）修改为图 3.23（b）。

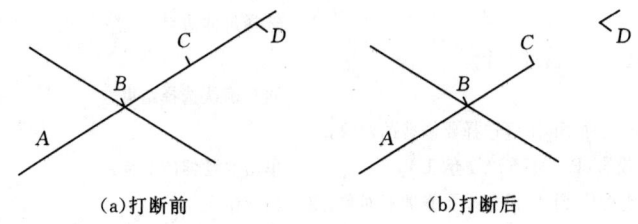

图 3.23 打断线段

命令：BREAK	调用命令
选择对象：	选择线段 AD
指定第二个打断点 或 [第一点(F)]：	选择"第一点(F)"选项
指定第一个打断点：	捕捉交点 C
指定第二个打断点：	捕捉交点 D

选项说明：

1) 指定第二个打断点：在图形对象上选择第二个打断点后，系统会将第一个打断点与第二个打断点间的部分删除。

2) 第一点（F）：通过该选项可以重新指定第一个打断点。

当提示输入第二个打断点时输入"@"，则系统会将第一个打断点和第二个打断点视为同一点，从而将一个对象拆分为二而没有删除其中的任何一部分。

还可以使用"打断于点"命令在单个点处打断选定的对象。有效对象包括直线、开放的多段线和圆弧，但不能在一点打断闭合对象（例如圆）。

3.3.9 拉长

拉长命令可以用来延长或缩短线段、圆弧或椭圆弧等对象的长度，使用此命令经常采用的选项是"动态"，即直观地拖动对象来改变其长度。

调用打断命令的方法如下。

(1) 单击菜单栏"修改"→"拉长"。

(2) 在命令行输入"Lengthen"或"Len" ✓。

如图 3.24 所示使用拉长命令将图 3.24 (a) 修改为图 3.24 (b)。

命令：lengthen

选择对象或[增量(DE)/百分数(P)/全部(T)/动态(DY)]：DY	选择"动态(DY)"选项
选择要修改的对象或[放弃(U)]：	选择线段 A 的右端点
指定新端点：	调整线段端点到适当位置
选择要修改的对象或[放弃(U)]：	选择线段 B 的右端点
指定新端点：	调整线段端点到适当位置
选择要修改的对象或[放弃(U)]：	按回车键结束命令

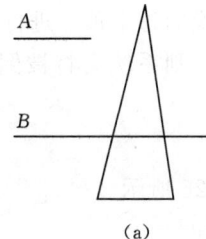
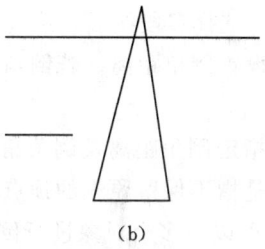

图 3.24 改变对象长度

拉长命令对闭合的对象不起作用，比如圆、圆环等。

选项说明：

1) 增量（DE）。以指定的增量值改变线段或圆弧的长度。对于圆弧来说，还可以通过设定角度增量改变其长度。

2) 百分数（P）。以对象总长度的百分比形式改变对象长度。

3) 全部（T）。通过指定线段或圆弧的新长度来改变对象总长度。

4) 动态（DY）。拖动光标可以动态改变对象长度。

学习单元 3.4　圆角、倒角与分解命令

3.4.1　倒角

倒角是将两个不平行的对象用直线相连，相当于在对象的顶点切去一个角。倒角时既可以输入每条边的倒角距离，也可以指定某条边上倒角的长度及与此边的夹角。

调用倒角命令的方法如下。

(1) 单击"修改工具栏"中倒角按钮 。

(2) 单击菜单中"修改"→"打断"。

(3) 在命令行输入"Chamfer"或"Cha" ✓。

如图 3.25 所示利用倒角命令绘制图形，操作步骤如下。

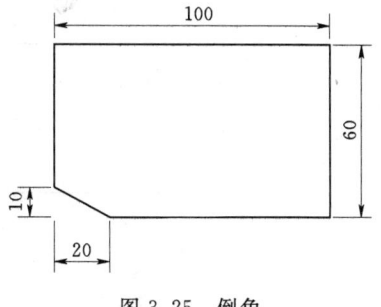

图 3.25　倒角

命令：_chamfer
("修剪"模式)当前倒角距离 1=0.0000,距离 2=0.0000　　　　　　默认倒角距离
选择第一条直线或
[放弃(U)/多段线(P)/距离(D)/角度(A)/修剪(T)/方式(E)/多个(M)]:d　　输入 d 回车
指定第一个倒角距离<0.0000>:10　　　　　　　　　　　　　　　　　输入 10 回车
指定第二个倒角距离<10.0000>:20　　　　　　　　　　　　　　　　　输入 20 回车
选择第一条直线或
[放弃(U)/多段线(P)/距离(D)/角度(A)/修剪(T)/方式(E)/多个(M)]:　　　单击竖直边
选择第二条直线,或按住 Shift 键选择要应用角点的直线:　　　　　　　单击水平边

选项说明：

1) 放弃（U）。取消倒斜角操作。

2) 多段线（P）。选择多段线后，系统将对多段线的每个顶点进行倒斜角操作。

3) 距离（D）。设置倒角距离。若倒角距离为 0，则系统会将被倒角的两个对象交于一点。

4) 角度（A）。指定倒角距离及倒角角度。

5) 修剪（T）。是指不保留原先的顶点，如图 3.26 所示。

6) 多个（M）。可以对多个对象进行倒角处理。

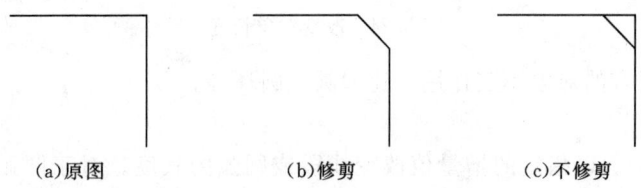

图 3.26 "修剪"与"不修剪"的比较

3.4.2 圆角

圆角是用指定半径的圆弧连接两个对象。

调用圆角命令的方法如下。

(1) 单击"修改工具栏"中圆角按钮。

(2) 单击菜单栏"修改"→"圆角"。

(3) 在命令行输入"Fillet"或"F"↙。

如图 3.27 所示利用圆角命令将图 3.27 (a) 处理成图 3.27 (b)，操作步骤如下。

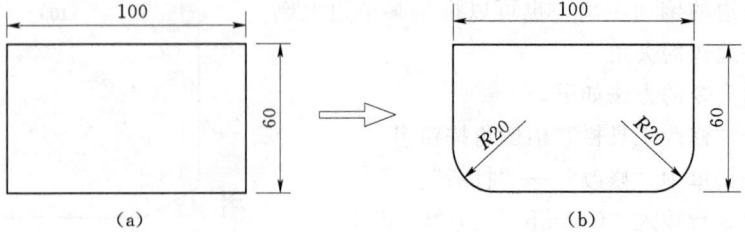

图 3.27 圆角

先绘制一个 100×60 的矩形,再利用圆角完成图 3.27(b)所示图形。
圆角的操作方法为:

命令:_fillet
当前设置:模式 = 修剪,半径 = 0.0000
选择第一个对象或[放弃(U)/多段线(P)/半径(R)/修剪(T)/多个(M)]:r   输入 r 回车
指定圆角半径<0.0000>:20   输入 20 回车
选择第一个对象或[放弃(U)/多段线(P)/半径(R)/修剪(T)/多个(M)]:m   输入 m 回车
选择第一个对象或[放弃(U)/多段线(P)/半径(R)/修剪(T)/多个(M)]:   单击左边线
选择第二个对象,或按住 Shift 键选择要应用角点的对象: 单击下边线
选择第一个对象或[放弃(U)/多段线(P)/半径(R)/修剪(T)/多个(M)]:   单击下边线
选择第二个对象,或按住 Shift 键选择要应用角点的对象: 单击右边线
选择第一个对象或[放弃(U)/多段线(P)/半径(R)/修剪(T)/多个(M)]:   回车结束

3.4.3 分解

在绘图过程中有很多的组合对象,如矩形、多段线、图案填充、尺寸标注等,分解就是将这些组合对象分解为多个对象,如将矩形分解为四条直线。

调用分解命令的方法如下。

(1)单击"修改工具栏"中分解按钮 。
(2)单击菜单栏"修改"→"分解"。
(3)在命令行输入"Explode"或"E"✓。

执行命令后,命令行会出现以下提示。

命令:e Explode
选择对象:找到 1 个   选择要分解的对象
选择对象: 回车结束命令

学习单元 3.5 夹点功能编辑图形

夹点是对象上的控制点,如直线的端点和中点、圆的象限点和圆心、多边形的各个角点等是夹点,所有对象都有夹点。在没有执行任何命令的情况下,选中对象夹点会显现出来,单击夹点可以对对象进行编辑操作。夹点编辑是一种集成的编辑模式,该模式包括拉伸、移动、旋转、比列缩放、镜像 5 种编辑功能。

默认情况下,系统的夹点编辑方式是开启的。当用户选择实体后上面将出现若干蓝色方框,这些方框被称为"夹点"。对象上的夹点如图 3.28 所示。

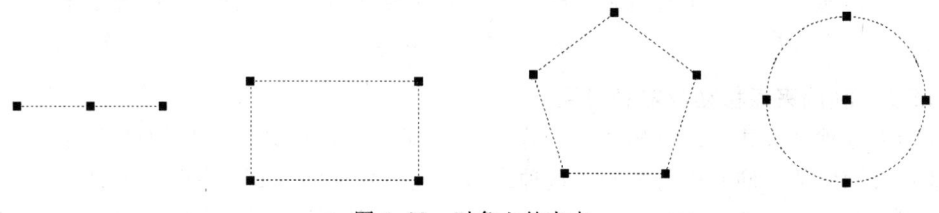

图 3.28 对象上的夹点

将十字光标靠近方框并单击，夹点被激活变成红色，即为热态夹点（热点），当前选中对象进入夹点编辑状态，可以对该夹点进行编辑操作。此时系统将自动进入"拉伸"编辑方式，连续按下回车键，就可以在所有编辑方式间切换。此外，用户也可以在激活夹点后再单击，弹出快捷菜单，通过此菜单选择某种编辑方式。

单击夹点后命令窗口出现：

** 拉伸 **	表示目前可以对对象进行拉伸操作
指定拉伸点或 [基点(B)/复制(C)/放弃(U)/退出(X)]：	指定拉伸点
** 移动 **	单击空格键或回车
指定移动点或 [基点(B)/复制(C)/放弃(U)/退出(X)]：	夹点编辑功能切换到移动操作
** 旋转 **	单击空格键或回车
指定旋转角度或 [基点(B)/复制(C)/放弃(U)/参照(R)/退出(X)]：	夹点编辑功能切换到旋转操作
** 比例缩放 **	单击空格键或回车
指定比例因子或 [基点(B)/复制(C)/放弃(U)/参照(R)/退出(X)]：	夹点编辑功能切换到比列缩放操作
** 镜像 **	单击空格键或回车
指定第二点或 [基点(B)/复制(C)/放弃(U)/退出(X)]：	夹点编辑功能切换到镜像操作

夹点的每一种编辑操作同前述的一般编辑操作相同。

3.5.1 利用夹点拉伸对象

在拉伸编辑模式下，当热态夹点是线段的端点时，将有效地拉伸或缩短对象。如果热态夹点是线段的中点、圆或圆弧的圆心或者属于块、文字及尺寸数字等实体时，这种编辑方式将只能移动对象。

如图 3.29 所示利用夹点的拉伸操作，延长直线 BA 使之与矩形上边线相交。

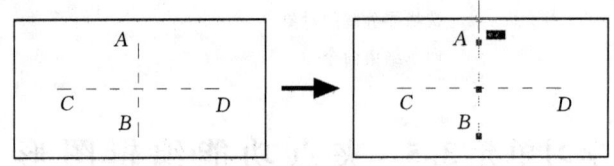

图 3.29 夹点的拉伸操作

操作步骤如下：

命令：	选择线段 AB
命令：	单击夹点 A
** 拉伸 **	进入拉伸模式
指定拉伸点或 [基点(B)/复制(C)/放弃(U)/退出(X)]：	配合极轴和对象捕捉,单击垂足完成

执行拉伸命令时打开正交状态后就可以很方便地利用夹点拉伸方式改变水平或竖直线段的长度。

3.5.2 利用夹点移动及复制对象

使用夹点移动模式可以编辑单一对象或一组对象，在此方式下使用"复制（C）"选项就能在移动实体的同时进行复制，这种编辑模式与普通的 Move 命令很相似。

利用夹点编辑功能，移动对象，使内部矩形中线与外部矩形中线对齐，如图 3.30 所示。

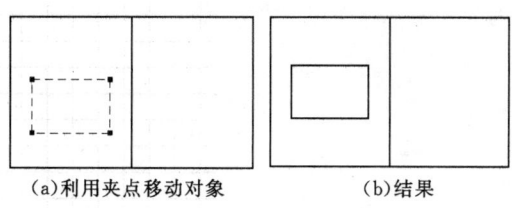

(a)利用夹点移动对象　　　　　　(b)结果

图 3.30　移动对象

命令：	单击内部矩形,实体后将出现四个夹点
命令：	单击任何一个夹点
拉伸	进入拉伸模式
指定拉伸点或[基点(B)/复制(C)/放弃(U)/退出(X)]：	单击空格键,夹点编辑功能切换到移动操作
移动	
指定移动点或[基点(B)/复制(C)/放弃(U)/退出(X)]：b	选择"基点(B)"选项,重新拾取基点
指定基点：	单击内矩形的左侧边的中点
移动	
指定移动点或[基点(B)/复制(C)/放弃(U)/退出(X)]：	配合极轴和对象捕捉,指定移动点完成

3.5.3　利用夹点旋转对象

旋转对象的操作是绕旋转中心进行的,当使用夹点编辑模式时,热态夹点就是旋转中心,用户可以指定其他点作为旋转中心。这种编辑方法与 Rotate 命令相似,它的优点在于一次可将对象旋转且复制到多个方位。

旋转操作中的"参照（R）"选项有时非常有用,该选项可以使用户旋转图形实体,使其与某个新位置对齐。

3.5.4　利用夹点缩放对象

夹点编辑方式也提供了缩放对象的功能,当切换到缩放模式时,当前激活的热点就是缩放的基点。用户可以输入比例系数对实体进行放大或缩小,也可以利用"参照（R）"选项将实体缩放到某一尺寸。

3.5.5　利用夹点镜像对象

夹点编辑方式也提供了镜像对象的功能,当切换到镜像模式时,系统直接提示"指定第二点"。默认情况下,热关键点是镜像线的第一点,在拾取第二点后,此点便与第一点一起形成镜像线。如果用户要重新设定镜像线的第一点,就选择"基点（B）"选项。

1. 简答题

简述本学习项目中介绍了哪些编辑命令。

2. 实训题

（1）利用阵列命令绘制等间距钢筋网,如图 3.31 所示。

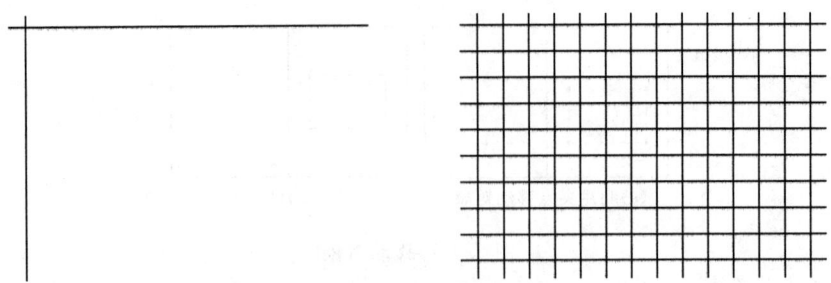

图 3.31　等间距钢筋网图

（2）利用环形阵列绘制灌注桩钢筋，如图 3.32 所示。

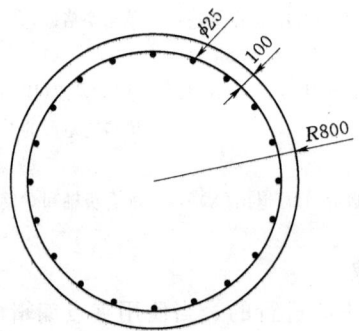

图 3.32　灌注桩钢筋图

（3）利用修剪命令绘制十字路口，如图 3.33 所示。

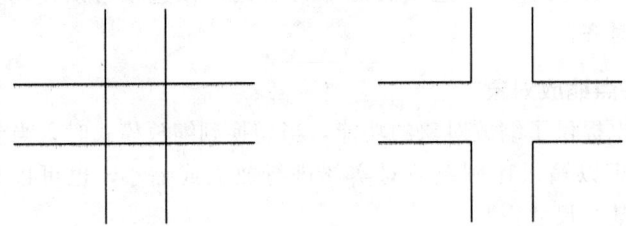

图 3.33　十字路口

（4）利用本学习项目所学知识完成如图 3.34～图 3.37 所示图形。

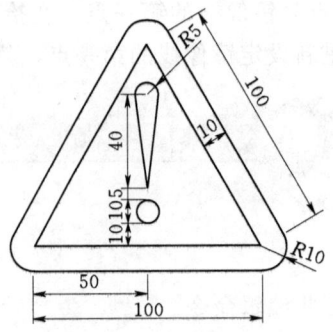

图 3.34　交通标志牌（1）

习 题

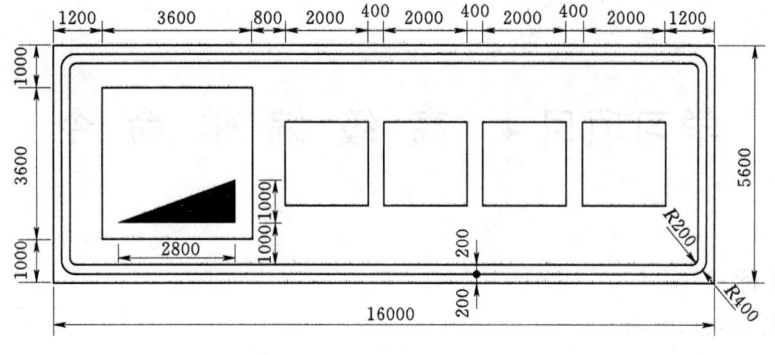

图 3.35 交通标志牌（2）

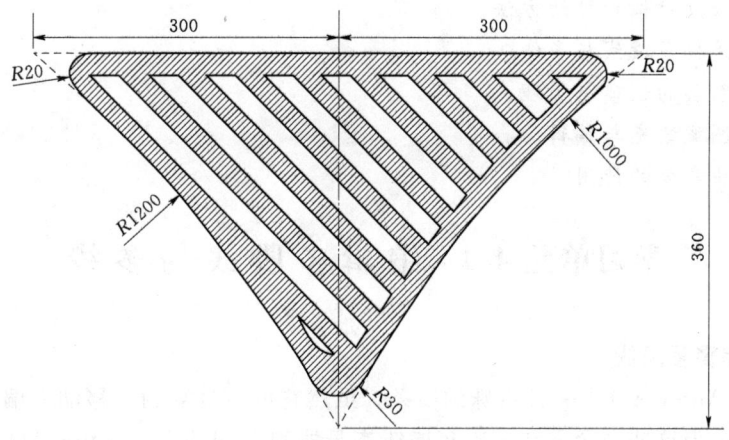

图 3.36 交通标志线

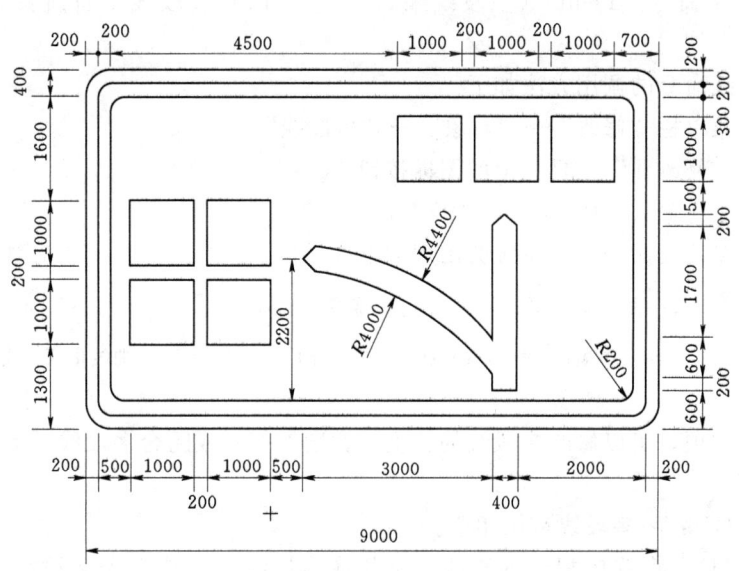

图 3.37 综合练习图

提示：首先利用圆弧、直线命令绘制外框线，然后利用圆角命令编辑外轮廓，偏移命令生成内框线。

学习项目 4 高级编辑命令

学习目标：
- 了解图层的概念。
- 熟悉对象几何特性的查询。
- 熟悉修改对象特性的方法。
- 掌握编辑多段线与多线。
- 掌握图层的创建与管理。
- 掌握图案填充与编辑。
- 掌握块命令的使用。

学习单元 4.1 编辑多段线与多线

4.1.1 编辑多段线

多段线是 AutoCAD 中一种特殊的线条，虽然它可通过复制、移动、偏移等基本编辑命令进行编辑，但这些命令无法编辑多段线本身所独有的特性。AutoCAD 专门为编辑多段线提供了一个命令"Pedit"（多段线编辑），它可以对多段线本身所具有的特性进行修改。

编辑多段线命令的调用方法如下。
(1) 单击菜单栏"修改"→"对象"→"多段线"。
(2) 单击"修改Ⅱ"工具栏上的图标按钮 。
(3) 在命令行输入"Pedit"或"PE"↙。

执行编辑多段线命令后，系统会出现如下提示信息。

命令：_pedit 选择多段线或 [多条(M)]： 选择一条或多条多段线

输入选项 [闭合(C)/合并(J)/宽度(W)/编辑顶点(E)/拟合(F)/样条曲线(S)/非曲线化(D)/线型生成(L)/反转(R)/放弃(U)]：

使用这些选项，可以修改多段线的长度、宽度，打开或闭合多段线，下面分别对各项功能进行介绍。

1) 闭合（C）：将多段线首尾相连。
2) 合并（J）：将首尾相连的直线、圆弧或多段线合并成一条多段线。这是常用的选项。
3) 宽度（W）：指定整个多段线的统一宽度。
4) 编辑顶点（E）：对多段线的各个顶点进行编辑，可以进行插入、删除、改变切线方向、移动等操作。

5）拟合（F）：用圆弧来拟合多段线（由圆弧连接每对顶点的平滑曲线），曲线经过多段线所有顶点。

6）样条曲线（S）：生成B样条曲线，多段线的各顶点成为样条曲线的控制点。

7）非曲线化（D）：取消多段线中的圆弧段，用直线段代替。

8）线型生成（L）：生成经过多段线顶点的连续图案线型。

9）反转（R）：反转选定多段线的顶点顺序。使用此命令可反转使用包含文字的线型的对象方向。例如，根据多段线的创建方向，线型中的文字可能会颠倒显示。

例：将如图4.1所示用直线和圆命令绘制出的图形转换成多段线并将线宽设置为0.5。

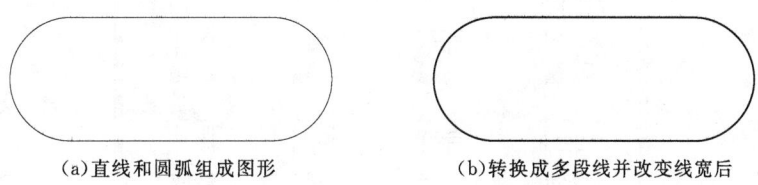

(a)直线和圆弧组成图形　　　　　　(b)转换成多段线并改变线宽后

图 4.1　编辑多段线

命令：_pedit 选择多段线或 [多条(M)]：m	选择选项"多条(M)"
选择对象：指定对角点：找到 4 个	选择图形对象
选择对象：	选择对象结束,回车
是否将直线、圆弧和样条曲线转换为多段线？	
[是(Y)/否(N)]？<Y>	回车默认将直线、圆弧转换为多段线
输入选项[闭合(C)/打开(O)/合并(J)/宽度(W)/	
拟合(F)/样条曲线(S)/非曲线化(D)/线型生成(L)/反转(R)/放弃(U)]：j	选择选项"合并(J)"
合并类型 = 延伸	
输入模糊距离或 [合并类型(J)] <0.0000>：	回车
多段线已增加 3 条线段	将转换的多段线合并成一条多段线
输入选项[闭合(C)/打开(O)/合并(J)/宽度(W)/	
拟合(F)/样条曲线(S)/非曲线化(D)/线型生成(L)/反转(R)/放弃(U)]：w	选择选项"宽度(W)"
指定所有线段的新宽度：0.5	指定多段线宽度
输入选项[闭合(C)/打开(O)/合并(J)/宽度(W)/	
拟合(F)/样条曲线(S)/非曲线化(D)/线型生成(L)/反转(R)/放弃(U)]：	回车结束命令

4.1.2　编辑多线

编辑多线命令可以修改多线的相交方式，控制多线角点和接头，使绘制出的多线更能满足用户的要求。

编辑多线命令的调用方法如下。

(1) 单击菜单栏"修改"→"对象"→"多线"。

(2) 双击多线。

(3) 在命令行输入"Mledit"↙。

执行编辑多线命令后,弹出"多线编辑工具"对话框,如图4.2所示。该对话框包含4列工具,第1列(十字闭合、十字打开、十字合并)编辑各种十字形相交线,第2列(T形闭合、T形打开、T形合并)编辑各种T形相交线,第3列(角点结合、添加顶点、删除顶点)处理角点连接和顶点的编辑,第4列(单个剪切、全部剪切、全部接合)处理多线的修剪和结合。各编辑工具的编辑效果如图4.2所示,点击"多线编辑工具"对话框下方的"帮助"按钮可查看各种多线编辑工具在使用时的多线选择顺序和方式。

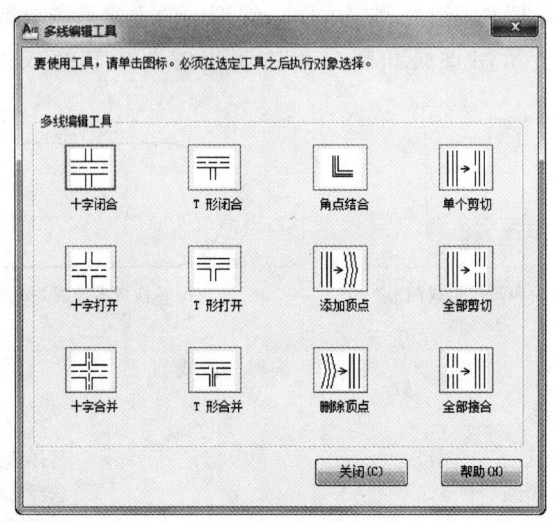

图4.2 "多线编辑工具"对话框

学习单元4.2 建立和管理图层

图层是AutoCAD中的主要组织工具。图层是图形对象的载体,每个图层具有唯一的图层名,都必须有一种颜色、线型和线宽。图层就像透明的绘图纸,每一图层上都可以绘制图形对象,一张完整的图就是由多个图层重叠在一起构成的,如图4.3所示。

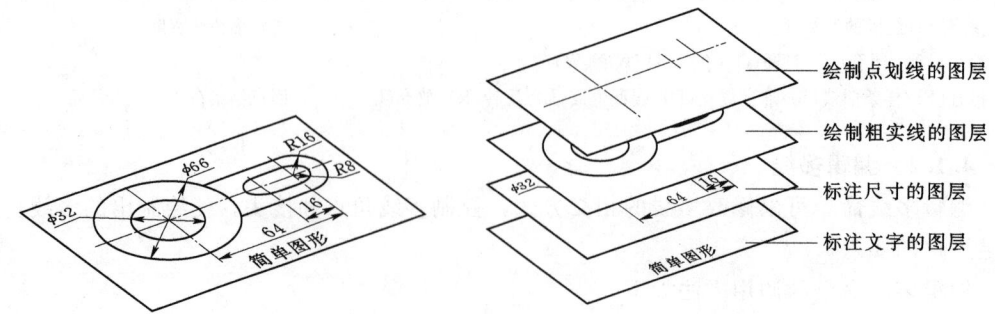

图4.3 "图层"的概念

在绘图过程中,可以暂时关闭不相关的图层,减少屏幕上显示的图形对象,提高编辑效率；也可以锁定或冻结完成绘制的图层，以防止对它们进行误操作；按图层组织图形，各图层对象具有共同属性，这些属性只在图层属性中记录一次，可以避免数据冗长，提高系统处理效率。

4.2.1 图层的创建

"图层特性管理器"对话框用于图层的创建和管理，并为图层设置颜色、线型、线宽等。

1. 启动"图层特性管理器"的方法

（1）单击菜单栏"格式"→"图层"。

（2）单击"图层"工具栏（图 4.4）上的图标按钮。

（3）在命令行输入"Layer"或"LA"✓。

图 4.4 "图层"工具栏

执行命令后，弹出"图层特性管理器"对话框，如图 4.5 所示。

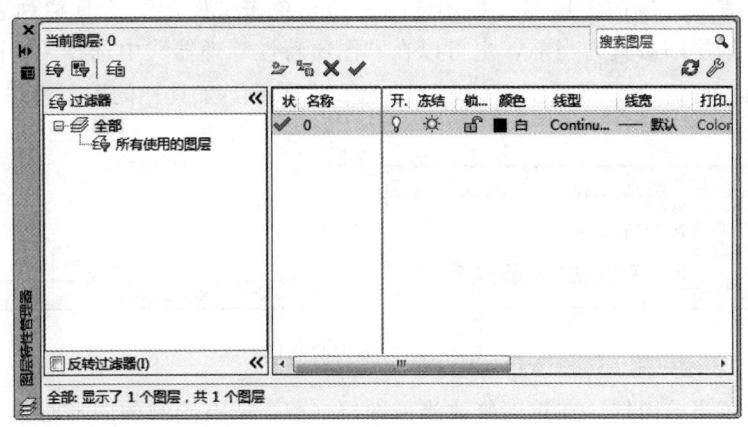

图 4.5 "图层特性管理器"对话框

2. 创建和设置图层的步骤

（1）单击"图层特性管理器"对话框上的"新建"图层按钮，一个新的名为"图层1"的图层出现在列表中，将"图层1"改名，如改成"中心线"。每个新图层自动添加顺序号，默认图层名称为0，新创建的图层名称分别为"图层1""图层2""图层3"……，也可以选择删除图层按钮来删除不需要的图层。

（2）单击相应图层颜色名、线型名、线宽值，为该图层指定颜色、线型、线宽。如指定"中心线"图层颜色为红色（单击"中心线"图层所对应的颜色按钮选择合适的颜色即可，线型、线宽同操作）、线型为 CENTER，线宽为 0.25mm，如图 4.6 所示。

（3）重复（1）、（2）步骤创建其他图层。

（4）关闭"图层特性管理器"对话框，图层创建成功。

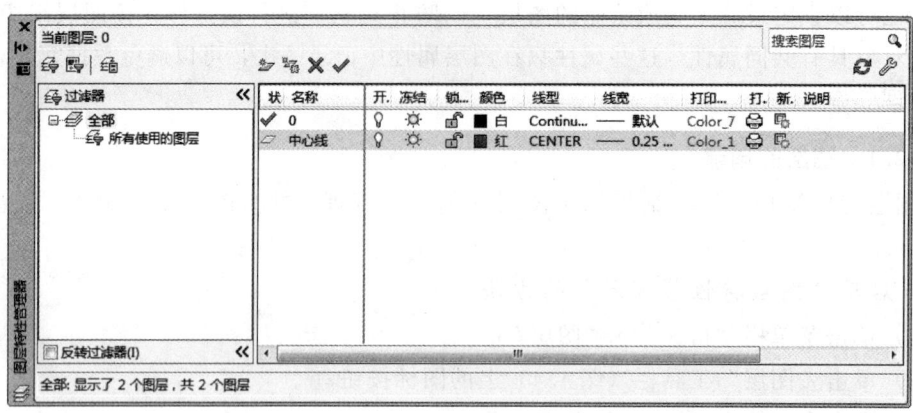

图 4.6 创建和设置新图层

4.2.2 图层设置

1. 设置当前图层

一张图可以有任意多个图层，但当前图层只有一个，设置当前图层的方法是单击"图层"工具栏列表中对应的图层名，如图 4.7 所示，单击"图层"工具栏列表中"外轮廓线"图层，该图层即被置为当前，也可以在"图层特性管理器"中选择一个图层，然后单击"置为当前"按钮。当前图层的名字将会在"图层"工具栏的图层窗口显示出来。

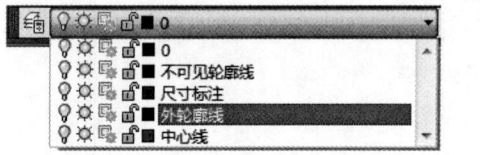

图 4.7 置为当前图层

一旦设置了当前图层，在重新修改当前图层之前，所有绘制的图形对象都会放置在当前图层中，继承当前图层的特性。

2. 控制图层

（1）开/关图层。打开或关闭图层显示，通过"图层"工具栏中"开/关图层"按钮实现。图层显示的开关在绘图过程中很常用，如某些辅助线的显示和隐藏，通过将其放置在特定的"辅助线"图层中来实现，在不使用的时候关掉该图层即可。单击某一图层前的按钮，就可以打开或者关闭图层显示。

（2）在所有视口中冻结/解冻。单击"冻结/解冻"图标按钮就可以冻结或解冻选定图层。冻结的图层不可见，不能编辑修改和打印，并且不参与运算。当前图层不能冻结，也不能将冻结图层置为当前。

（3）锁定/解锁图层。单击"锁定/解锁"图标按钮就可以锁定或解锁选定图层。锁定图层中的对象可见但不能编辑。如果只想查看图层信息而不需要编辑图层中的对象可将图层锁定。

学习单元 4.3 修改对象特性

绘制的每个对象都有其特有属性，对象属性包含一般特性和几何特性，一般特性包括对象的颜色、线型、图层及线宽等，几何特性包括对象的尺寸和位置等。

对于已创建好的对象，如果要修改其特性，AutoCAD 提供了使用"对象特性"工具栏、"特性"窗口和"特性匹配"命令三种修改方法以方便进行修改。

4.3.1 使用"对象特性"工具栏修改

"对象特性"工具栏用于显示和修改对象的基本特性，这些特性包括对象颜色、所在图层、线型和线宽。

1. 查看对象特性

不执行任何命令，拾取对象使其选中，此时"对象特性"工具栏即显示被选对象的基本特性，包括图层名、颜色名、线型、线宽值。如果某特性显示"ByLayer"则表明该特性与图层的对应设置相同。

2. 修改对象特性

对象的基本特性可以通过图层指定给对象，当对象的特性为"ByLayer"时，只要修改相关图层的特性，图层上对应对象的特性也随之更改。

对象的基本特性也可以直接指定给对象，这种情况下，对象的特性就不能通过更改图层特性来改变了。操作方法是：拾取要修改特性的对象，展开"对象特性"工具栏上相应特性的下拉列表，从中选择需要的特性值，按 Esc 键取消选择即可修改完成。

4.3.2 使用"特性"选项板修改

"特性"选项板即特性管理器，可以使用以下方法打开"特性"选项板。

(1) 单击菜单栏"工具"→"选项板"→"特性"。

(2) 单击菜单栏"修改"→"特性"。

(3) 单击工具栏上的图标按钮 。

(4) 在命令行输入"Properties"或"PR"✓。

(5) 快捷键：Ctrl+1。

打开"特性"选项板，如图 4.8 所示。

"特性"选项板中列出了被选定图形对象的所有特性，用户可以选择单一的目标对象，也可以选择多个目标对象。

选择单个对象时，"特性"选项板显示该对象的详细信息，如图 4.8 所示。

选择多个对象时，"特性"选项板只显示选择集中所有对象的公共特性。

未选择对象，"特性"选项板只显示当前图层的基本特性、三维效果、图层附着的打印样式表的名称、查看特性以及关于 UCS 的信息。

"特性"选项板上还有三个按钮，它们的功能如下。

"切换 Pickadd 系统变量的值"按钮 。在默认情况下，它的值为 1，这时可以连续选择对象加入到选择集中，单击 按钮，Pickadd 的值变为 0，这时必须按住 Shift 键才能连续选择对象并将它们加入选择集中，否则，后选的对象将自动取代前面所选的对象。

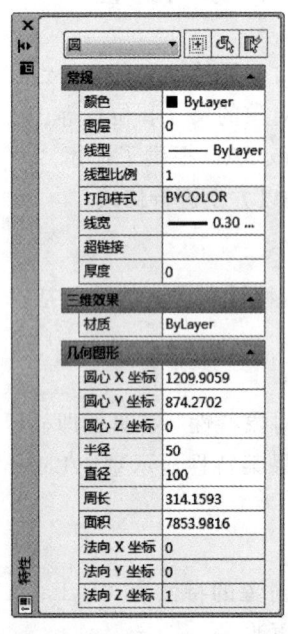

图 4.8 "特性"选项板

图 4.9 设置"特性"选项板参数

"选择对象"按钮 。单击此按钮，会看到光标变为小方框，这时就可以使用鼠标来连续选择对象了。选择完毕后，"特性"选项板就会列出所选对象的特性。

"快速选择"按钮 。单击此按钮，会弹出"快速选择"对话框，利用该对话框中各种选项，可以根据特定的标准来快速选择对象。

一般而言，当选择的对象不同时，"特性"选项板的内容也会不同，但无论是什么图形，其特性一般都分为常规特性、几何特性、文字特性、样式特性、打印样式特性等。如果要修改某一特性，单击特性值所在单元格，单元格会出现输入提示或下拉列表，如图 4.9 所示输入或选择要设定的特征值，再按 Esc 键取消对象的选中状态，关闭"特性"选项板即完成对象特性的修改。

4.3.3 使用"快捷特性"选项板修改

在 AutoCAD 2010 中还提供了一种"快捷特性"选项板的工具，当用户想了解某一对象的基本特性时，只需用鼠标选中该对象，就会在该对象旁边出现一个"快捷特性"选项板，如图 4.10 所示，选项板中会列出该对象的基本特性，用户可以像使用"特性"选项板修改对象特性一样去修改其中的特征值。

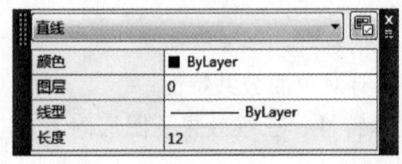

图 4.10 "快捷特性"选项板

用户可以自定义显示在"快捷特性"选项板上的特性。选定对象后所显示的特性是所有对象类型的共同特性，也是选定对象的专用特性。

4.3.4 使用"特性匹配"命令修改

AutoCAD 提供的特性匹配命令可以方便地将一个对象的图层、线型、线宽等特性赋予另一个对象,而不用再逐项修改,可大大提高绘图效率,保证对象的一致性。

调用特性匹配命令的方法如下。

(1) 单击工具栏中的"特性匹配"图标按钮。

(2) 单击菜单栏"修改"→"特性匹配"。

(3) 在命令行输入"Matchprop"或"MA"✓。

执行特性匹配命令后,命令行提示如下。

命令:'_matchprop
选择源对象:　　　　　　　　选择一个对象,只能单选
当前活动设置:颜色 图层 线型 线型比例 线宽 厚度 打印样式 标注 文字 填充图案 多段线 视口 表格材质 阴影显示 多重引线
选择目标对象或[设置(S)]:　　选择目标对象,可框选

"特性匹配"命令将源对象的特性部分或全部地复制到目标对象上,输入命令后要先选择源对象后选择目标对象,操作完毕后,源对象保持不变,目标对象的特性与源对象一致或部分一致。

特性匹配能够传递的特性可以通过命令行选项"设置(S)"来预先设定,在命令行提示下输入"S",弹出"特性设置"对话框,如图 4.11 所示,从对话框中清除不需要复制的特性,单击"确定"按钮即可完成。

特性匹配是非常方便实用的操作。如图 4.12 所示,将图 4.12(a)中源对象的特性传递给目标对象后,目标对象的线宽、图案填充、文字都继承了源对象的特性,如图 4.12(b)所示。

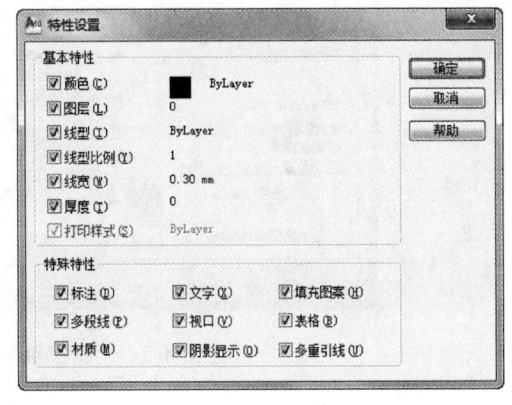

图 4.11 "特性设置"对话框

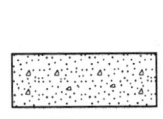
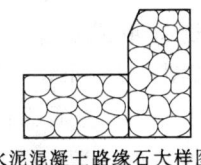
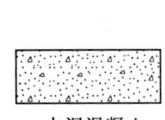
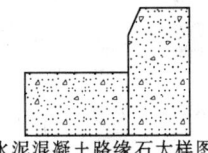

水泥混凝土　　水泥混凝土路缘石大样图　　　水泥混凝土　　水泥混凝土路缘石大样图
(源对象)　　　　(目标对象)
(a)未继承特性前　　　　　　　　　　　　　(b)继承特性后

图 4.12 "特性匹配"命令的运用

学习单元 4.4　图案填充与编辑

在绘图过程中,为了标识某一区域的意义和用途,通常要在一个封闭的区域内,填充

某一种图案或颜色。AutoCAD 提供的图案填充功能可用于绘制剖面符号或剖面线，以表现断面形状、材料和绿化等。

4.4.1 图案填充

在 AutoCAD 中，创建图案填充的方法如下。

(1) 单击菜单栏"绘图"→"图案填充"。

(2) 单击"绘图"工具栏中的"图案填充"图标按钮。

(3) 在命令行输入"BHATCH"或"BH"↙。

执行图案填充命令后，出现如图 4.13 所示的"图案填充和渐变色"对话框，里面包含"图案填充"和"渐变色"两个选项卡，默认为"图案填充"选项卡。

图 4.13 "图案填充和渐变色"对话框

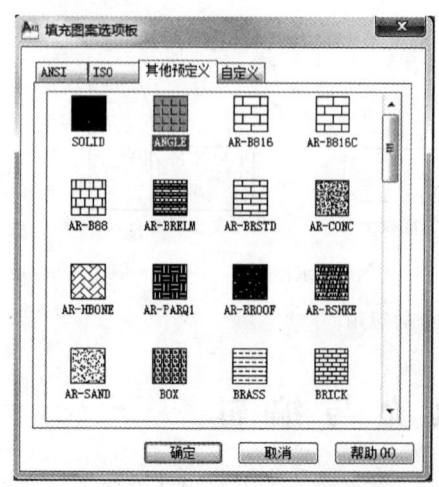

图 4.14 "填充图案"选项板

图案填充最关键的是要选择填充图案、定义填充区域和设定合适的填充比例。

1. 选择填充图案

在如图 4.13 所示"类型和图案"选项区域，单击"图案"名称后面的按钮，就会弹出如图 4.14 所示的"填充图案"选项板，在该对话框中提供了 4 个选项卡，分别为"ANSI"（美国国家标准学会标准）、"ISO"（国际标准化组织标准）、"其他预定义"和"自定义"，可以根据绘图需要从中选择你所需要的填充图案。

图案选择完毕后，单击"确定"返回，此时可在"图案"名称后看到所选图案的名称，在"样例"名称后看到所选用的图案。

2. 定义填充区域

填充图案选择完毕后就能定义填充区域了,填充区域的定义有"添加:选择对象"和"添加:拾取点"两种方式,可根据不同情况来选择。

(1)"添加:选择对象"。通过选择边界对象来定义填充区域。当填充区域由一个或几个简单对象组成时,可以用此方法,如由圆形构成的图形。

(2)"添加:拾取点"。用于指定区域内一点,AutoCAD检测距该点最近的闭合区域。这是一种简便的操作办法,尤其边界较复杂的时候。

边界内部含有闭合边界的区域称为孤岛。在对包含孤岛的范围进行图案填充时,AutoCAD系统为用户设置了以下3种填充方式实现对填充范围的控制。

1)普通方式。该方式将从外部边界向内填充,如果遇到一个内部的封闭边界,则关闭填充,直到遇到另外一个封闭区域为止。即普通填充方式从填充区域的最外部算起交替填充各个封闭区域,如图4.15(a)所示。该方式为系统的默认填充方式。

2)外部方式。外部方式也是从外向内进行填充,但遇到下一个封闭边界填充就自动停止,内部的所有封闭区域均不再填充,如图4.15(b)所示。

3)忽略方式。忽略方式是忽略边界内的所有对象,填充外部边界所围成的整个区域,如图4.15(c)所示。

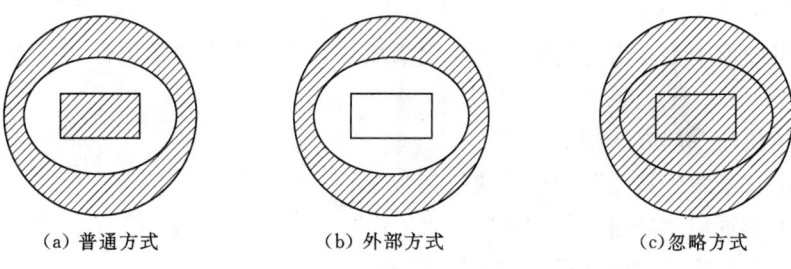

图4.15 图案填充的三种方式

3. 设定填充比例和角度

在"角度和比例"选项区域有"角度(G)"和"比例(S)"两个列表框。角度一般采用默认值,比例用于放大或缩小填充图案,当填充图案过密时可双击填充图案回到"图案填充和渐变色"对话框,在"比例(S)"输入框里输入较大比例,反之输入较小比例,如图4.16所示。

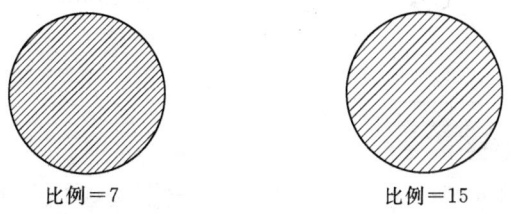

图4.16 调整填充比例

"渐变色"填充在工程图形中很少应用,其操作方法与"图案填充"类似,这里不再介绍。

4.4.2 图案填充编辑

图案填充完后,若对填充效果不满意,可以对其进行编辑修改,修改方法如下。

(1) 单击菜单栏"修改"→"对象"→"图案填充"。

(2) 在命令行输入"Hatchedit"✓。

(3) 双击要修改的填充图案,然后在弹出的"图案填充编辑"对话框中,对图案进行修改。

学习单元 4.5 块

块是由用户定义的一组图形对象。在绘图过程中,经常会遇到一些重复的图形对象,用户可将这些重复的对象创建成一个整体的块并建立块图形库,需要时插入这些块即可。合理使用块可以大幅度提高绘图速度,达到事半功倍的效果。例如:在桥梁制图中,经常会遇到桥墩、桥台、基础等的标准图,用户可以将这些标准图形制作成块,在需要时插入即可。

1. 创建块

用户可将图形中重复出现的图形对象定义成块,并可定义块的属性,在插入时填写可变信息。

调用创建块命令的方法如下。

(1) 单击"绘图工具栏"中创建块按钮。

(2) 单击菜单栏"绘图"→"块"→"创建"。

(3) 在命令行输入"Block"或"B"✓。

执行创建块命令后,弹出如图 4.17 所示对话框,对话框中各项功能介绍如下。

图 4.17 "块定义"对话框

1)"名称"设置区。该区用于设置块的标识,新建图块可以直接在文本框中输入块名称。已创建的图块将记录在该设置区的下拉列表中,单击右侧小箭头可以进行选择。

2)"基点"设置区。该设置区用于指定块插入时的基点,默认值是将新建图块的基点设置在坐标原点(0,0,0)。基点位置可以通过输入坐标的方式指定,也可以通过单击"拾取点"按钮返回到绘图窗口,在当前图形中拾取插入基点。

3)"对象"设置区。该设置区可以指定新创建图块中要包含的对象以及创建块之后如何处理这些对象。单击"选择对象"按钮可以返回绘图窗口选择构成块的对象。完成对象选择后,按回车键重新回到"块定义"对话框;单击"快速选择"按钮可以打开"快速选择"对话框,通过"快速选择"对话框定义选择集确定构成图块的图形对象;选择"保留"选项,创建块以后,将选定对象保留在图形中作为区别对象;选择"转换为块"选项,创建块以后,将选定对象直接转换成图形中的块;选择"删除"选项,创建块以后,将从图形中删除选定的对象。

4)"方式"设置区。该设置区用于设置新建图块的使用方式。"注释性"复选框可以将新建图块设置为具有注释性;"按统一比例缩放"选项可以指定是否在插入块参照时统一比例进行缩放;"允许分解"选项可以指定块参照是否可以被分解,若未选此项,则在插入图块后无法使用分解命令将其分解为多个独立的图形对象。

5)"设置"设置区。该区用于指定插入块的单位以及超链接相关设置。

6)"说明"文本框。在该文本框中输入文字可以为新建块做必要的文字说明。

7)"在块编辑器中打开"复选框。选中该项,在插入块后双击块,可以打开"块编辑器"并可以在"块编辑器"中对插入图块进行编辑修改。

2. 插入块

使用插入块命令可以将已创建的块插入到指定的位置。

调用创建块命令的方法如下。

(1) 单击"绘图工具栏"中插入块按钮。

(2) 单击菜单栏"插入"→"块"。

(3) 在命令行输入"Inset"或"I"✓。

执行创建块命令后,弹出如图4.18所示对话框,对话框中各项功能意义如下。

1)"名称"下拉列表框。在该下拉列表框内可以选择当前图形中已定义的块,以供选用。

2)"浏览"按钮。单击"浏览"按钮,可以打开"选择图形文件"对话框,从中可选择要插入的块或图形文件。

3)"插入点"设置区。该设置区用于指定块插入的位置。若选择了"在屏幕上指定"选项可以在完成设置后回到绘图窗口,并通过单击在相应位置上插入图块;也可以直接在对话框中输入坐标值以确定块插入的位置。

4)"比例"设置区。该设置区可以指定块插入时的比例大小。若选择了"在屏幕上指定"选项,可以在完成设置后回到绘图窗口,并通过鼠标移动确定缩放比例;也可以直接在对话框中输入X、Y和Z各个方向上的缩放比例数值完成比例设定。如果选中"统一比例"选项,可以为X、Y和Z坐标指定单一的比例值。

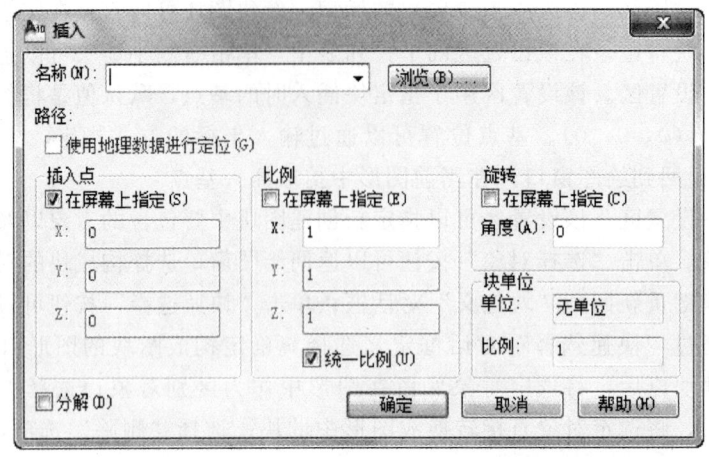

图4.18 "插入"块对话框

5)"旋转"设置区。该设置区用于指定块插入时的旋转角度。若选中"在屏幕上指定"选项,可以在回到绘图窗口后通过鼠标移动指定插入块的方向;也可以直接在对话框中输入角度值设置插入块的角度。

6)"块单位"设置区。此处显示所插入块或图形的单位及插入到当前图形中的缩放比例因子。这两个对话框中的内容是在定义块时就确定了,不能进行编辑修改。

7)"分解"复选框。选定"分解"选项后,插入块时会将块分解为各组成部分。

选中需要插入的块后,在对话框的右上角会出现一个预览窗口,通过窗口观察插入块的情况。

3. 实例

下面以公路路线平面图中的公里桩为例,如图4.19所示,在绘制路线平面图时会经常使用到,可以将其创建为一个图块,在需要时直接将其插入指定位置就可以了。

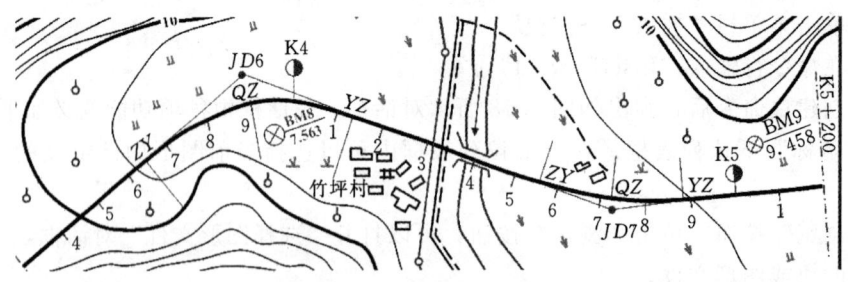

图4.19 公路路线平面图

操作步骤如下:

(1) 按照一定比例关系绘制图示公里桩图例。

(2) 在命令提示行输入创建块命令"Block"后回车,AutoCAD会打开如图4.20所示的"块定义"对话框。

(3) 在"块定义"对话框的"名称"文本框中输入需要定义的图块的名称"公里桩"。

(4) 在"基点"设置区单击拾取点按钮,返回绘图窗口。配合对象捕捉功能,使用鼠

学习单元 4.5　块

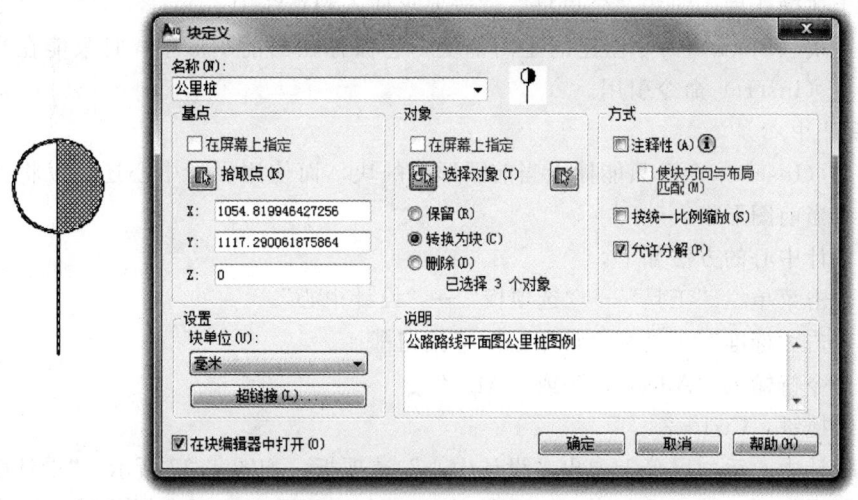

图 4.20　将公里桩创建成块

标捕捉到步骤（1）绘制公里桩图例的直线下端点，单击，将其设置为图块的插入基点，并回到"块定义"对话框。

（5）在"对象"设置区点击选择对象按钮，回到绘图窗口。选中步骤（1）创建的公里桩图例，按回车键或右击，返回"块定义"对话框，此时公里桩图例虚线显示，再将该设置区中的"转换为块"单选框选中。

（6）在"方式"设置区选中"允许分解"选项，并选中对话框中的"在块编辑器中打开"选项。

（7）在"说明"文本框中输入对本图块的简短说明文字"公路路线平面图公里桩图例"。

（8）完成上述步骤后，单击"块定义"对话框下方"确定"按钮，完成块定义。

（9）使用多段线命令绘制足够长度的路线，激活"定距等分"（Measure）命令，按命令行提示完成下述操作。

命令：_measure
选择要定距等分的对象：　　　　　　　　选择第 9 步创建的多段线
指定线段长度或［块(B)］：b　　　　　　输入选项"b"，在等分点上插入块，回车
输入要插入的块名：公里桩　　　　　　　输入要插入的图块名称，回车
是否对齐块和对象？［是(Y)/否(N)］＜Y＞：y　输入选项"y"，使插入的图块自动与等分对象对齐，回车
指定线段长度：1000　　　　　　　　　　输入等分长度值，回车

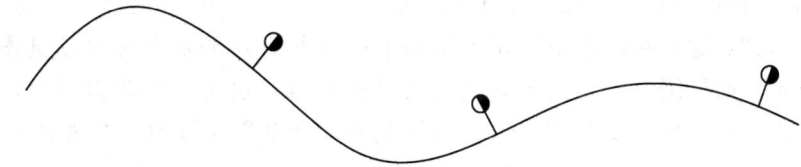

图 4.21　将块"公里桩"插入到路线中

完成上述操作后，图块"公里桩"就按要求插入到路线中了。

用创建块（Block）命令创建的是内部块，它保存在当前图形中，且只能在当前图形中用插入块（Insert）命令引用。

4．设计中心

插入块（Insert）命令只能插入当前图形中的块，而使用设计中心还可以将其他图形中的块插入当前图形中。

调用设计中心的方法如下。

（1）单击菜单栏"工具"→"选项板"→"设计中心"。

（2）单击"标准"工具栏设计中心图标按钮。

（3）命令行输入"Adcenter"或"ADC"↙。

（4）快捷键：Ctrl+2。

激活设计中心后，屏幕上弹出"设计中心"选项板，如图4.22所示。"设计中心"选项板分为两个部分，左边为树状图，右边为内容窗口，用户可以在树状图中浏览内容的源，而在内容区显示内容。

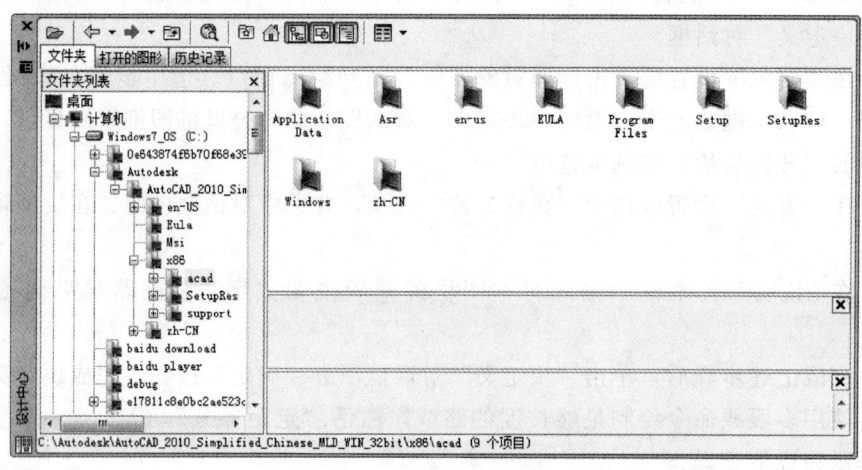

图4.22 "设计中心"选项板

下面将图"办公区.dwg"中的图块利用设计中心插入到"办公格子间.dwg"，操作步骤如下。

（1）打开图形文件"办公区.dwg"和"办公格子间.dwg"，当前图形文件为"办公格子间.dwg"。

（2）打开"设计中心"，单击"打开的图形"选项卡，展开"办公区.dwg"的项目树状图，选择"块"，这时在内容窗口显示出图形中的所有块的块名称及预览图形，如图4.23（a）所示。如果用户已知块所在图形文件的位置，也可跳过步骤（1），直接通过"设计中心"选项板上的"文件夹"选项卡浏览到需要的图形文件，选择块，如图4.23（b）所示。

（3）如图4.23所示，用鼠标拾取"电脑桌"图块，并按住左键拖动块至图形中后放

学习单元 4.5 块

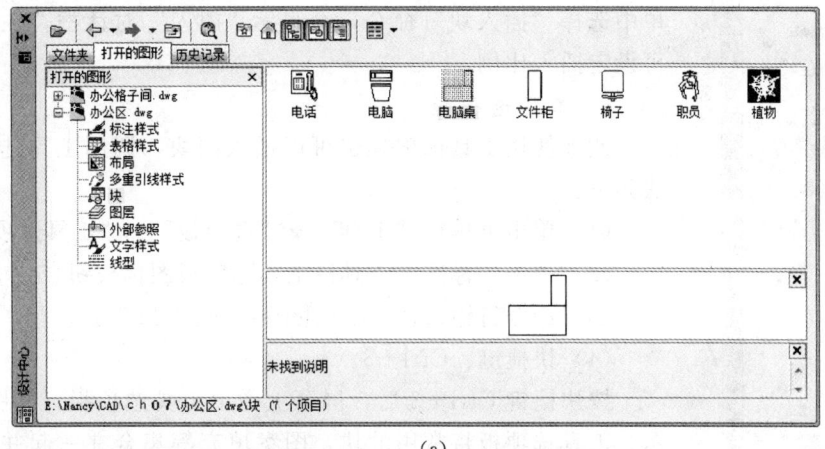

图 4.23 从"设计中心"浏览图形中的块

开左键,"电脑桌"即插入图形中。

(4) 重复拖放操作,直至插入所需的全部图块。如果拖入的块图形的位置和方向与要求不符,可以利用夹点操作适当移动或旋转块图形。最后完成结果如图 4.24 所示。

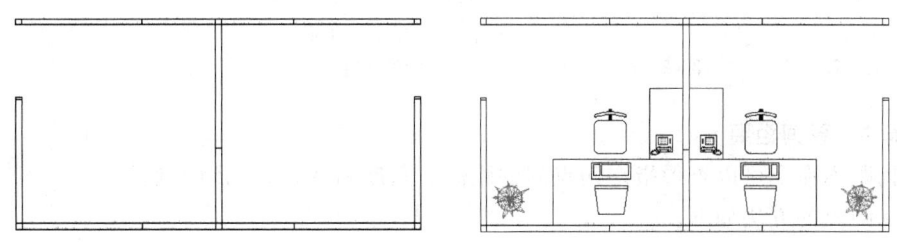

图 4.24 利用"设计中心"插入块

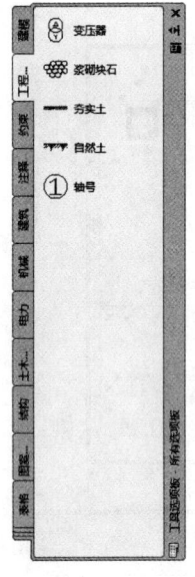

图 4.25 工具选项板

如果插入时需要指定比例，可以右击要插入的块，在快捷菜单中选择"插入块"命令，会显示"插入"对话框，在对话框中可设定插入比例。

5．工具选项板

此外使用工具选项板也可以插入图块，调用工具选项板的方法如下。

(1) 单击菜单栏"工具"→"选项板"→"工具选项板"。

(2) 单击"标准"工具栏工具选项板图标按钮 。

(3) 命令行输入"Toolpalettes"或"TP"✓。

(4) 快捷键：Ctrl+3。

按快捷键 Ctrl+3 后，屏幕上弹出工具选项板，如图 4.25 所示。工具选项板将常用的块、图案填充等集合在一起并分类放置在各选项板上，免去了用户寻找符号库文件和填充图案的麻烦。AutoCAD 默认的工具选项板已经定义好了多个专业分类的选项板，用户也可以根据需要新建自己的选项板。

学习单元 4.6　查询对象的几何特性

任何一个 AutoCAD 图形都是一个图形数据库，其中包含大量的与图形有关的数据信息。查询工具可以查询或提取相关图形信息，通过查询工具可以获得图形对象的距离、面积、点坐标的精确数值及坐标位置和方位等信息，还可以确定实体的体积、质量、惯性矩等。下面简要介绍查询的基本功能。

4.6.1　查询点坐标

使用坐标查询命令可以列出指定点的 X、Y、Z 坐标值。

查询点坐标的方法如下。

(1) 单击菜单栏"工具"→"查询"→"点坐标"。

(2) 单击"查询"工具栏中的"定位点"图标按钮 。

(3) 在命令行输入"ID"✓。

执行命令后，命令行会出现以下提示。

命令：_id　　　　　　　　　　　　执行命令
指定点：　　　　　　　　　　　　用鼠标在绘图区域拾取一点
X = 341.1754　Y = 281.8642　Z = 0.0000　显示该点的坐标值

4.6.2　查询距离

查询距离命令可以查得指定两点间的距离、角度和 X、Y、Z 增量。

查询距离的方法如下。

(1) 单击菜单栏"工具"→"查询"→"距离"。

(2) 单击"查询"工具栏中的"距离"图标按钮 。

(3) 在命令行输入"DIST"或"DI"✓。

执行命令后,命令行会出现以下提示。

命令:_MEASUREGEOM   使用图标按钮执行命令
输入选项[距离(D)/半径(R)/角度(A)/面积(AR)/体积(V)]<距离>:_distance
指定第一点: 指定第一点
指定第二个点或[多个点(M)]:   指定第二点
距离 = 200.0000,XY 平面中的倾角 = 30,与 XY 平面的夹角 = 0   显示两点距离及其他信息
X 增量 = 173.2051,Y 增量 = 100.0000,Z 增量 = 0.0000

注意:命令行输入命令与另两种命令操作方法上命令行显示会稍有不同。

查询结果中的"XY 平面中的倾角"是两点的虚构线在平面内的投影与 X 轴的夹角;"XY 平面的夹角"是两点的虚构线与 XY 平面所构成的空间角。

4.6.3 查询面积

AutoCAD 可以计算由一系列点所定义的区域的面积和周长,计算由圆、正多边形、样条曲线、多段线等所围区域的面积和周长以及利用加减方式计算组合面积。

查询面积的方法如下。

(1) 单击菜单栏"工具"→"查询"→"面积"。

(2) 在命令行输入"Area"或"AA"✓。

执行命令后,命令行会出现以下提示。

命令:aa   命令行输入命令
AREA
指定第一个角点或[对象(O)/增加面积(A)/减少面积(S)]<对象(O)>:   出现的提示

"查询面积"命令提供了 3 种计算面积和周长的方式。

1. 按序列点计算面积

该方法通过"指定第一个角点"选项,按顺序依次选择构成测量面积区域的点,当所有点都选定后,按回车键,面积和周长将显示出来。这是默认计算方法,常用来计算建筑面积。如图 4.26 所示,用"查询面积"命令查询卧室 1 与卧室 2 的面积,其步骤如下。

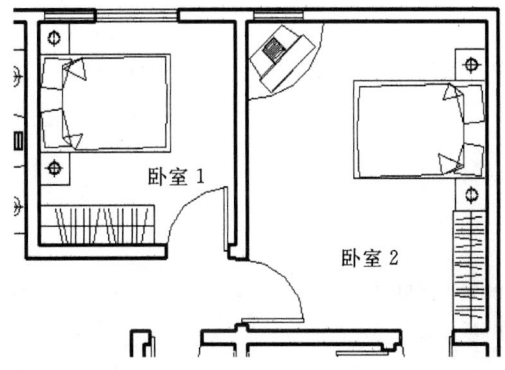

图 4.26 用"查询面积"命令查询卧室的面积

命令：aa
AREA
指定第一个角点或 [对象(O)/增加面积(A)/减少面积(S)] <对象(O)>：　　单击卧室1的一个角点
指定下一个点或 [圆弧(A)/长度(L)/放弃(U)]：　　　　　　　依次单击其他角点
指定下一个点或 [圆弧(A)/长度(L)/放弃(U)]：
指定下一个点或 [圆弧(A)/长度(L)/放弃(U)/总计(T)] <总计>：
指定下一个点或 [圆弧(A)/长度(L)/放弃(U)/总计(T)] <总计>：　回车结束
面积 = 8798400.0000,周长 = 11880.0000　　　　　　　　　　显示卧室1的面积与周长
命令：aa
AREA
指定第一个角点或 [对象(O)/增加面积(A)/减少面积(S)] <对象(O)>：
指定下一个点或 [圆弧(A)/长度(L)/放弃(U)]：
指定下一个点或 [圆弧(A)/长度(L)/放弃(U)]：
指定下一个点或 [圆弧(A)/长度(L)/放弃(U)/总计(T)] <总计>：
指定下一个点或 [圆弧(A)/长度(L)/放弃(U)/总计(T)] <总计>：
面积 = 14774400.0000,周长 = 15480.0000　　　　　　　　　显示卧室2的面积与周长

2. 计算封闭对象的面积和周长

该方法通过"对象（O）"选项来查询封闭区域的面积及周长。

以一直径为100的圆为例，其面积与周长的查询步骤如下。

命令：_MEASUREGEOM　　　　　　　　　　　　　　　　　　执行命令
输入选项 [距离(D)/半径(R)/角度(A)/面积(AR)/体积(V)] <距离>：_area
指定第一个角点或 [对象(O)/增加面积(A)/减少面积(S)/退出(X)] <对象(O)>：o　选择"对象(O)"选项
选择对象：　　　　　　　　　　　　　　　　　　　　　　　拾取圆
面积 = 7853.9816,圆周长 = 314.1593　　　　　　　　　　　显示面积和周长

3. 利用加减方式计算组合面积

该方法通过"增加面积（A）"选项以"加"方式计算几何面积，通过"减少面积（S）"选项以"减"方式计算面积。

计算如图4.27所示图形阴影部分面积，其步骤如下。

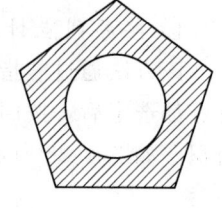

图4.27 查询面积图例

命令：aa
AREA
指定第一个角点或 [对象(O)/增加面积(A)/减少面积(S)] <对象(O)>：a　选择"增加面积(A)"选项
指定第一个角点或 [对象(O)/减少面积(S)]：o　　　　　　　选择"对象(O)"选项
（"加"模式）选择对象：　　　　　　　　　　　　　　　　　选择正五边形
面积 = 6193.7186,周长 = 300.0000
总面积 = 6193.7186
（"加"模式）选择对象：　　　　　　　　　　　　　　　　　回车结束"加"模式
指定第一个角点或 [对象(O)/减少面积(S)]：s　　　　　　　　选择"减少面积(S)"选项
指定第一个角点或 [对象(O)/增加面积(A)]：o　　　　　　　选择"对象(O)"选项
（"减"模式）选择对象：　　　　　　　　　　　　　　　　　选择圆形
面积 = 1963.4954,圆周长 = 157.0796
总面积 = 4230.2232

("减"模式)选择对象: 回车结束"减"模式
指定第一个角点或 [对象(O)/增加面积(A)]:   回车结束命令

4.6.4 列表查询

列表查询可以将所选中对象的各种信息,如对象类型、所在图层、坐标、面积和周长等信息在文本框中以列表方式显示。

列表查询的方法如下。

(1) 单击菜单栏"工具"→"查询"→"列表"。

(2) 单击"查询"工具栏中的"列表"图标按钮。

(3) 在命令行输入"LIST"或"LS"✓。

执行命令后,命令行会出现以下提示。

命令: LIST
选择对象: 选中需要查询的对象
选择对象: 继续选择

选中对象并确认,系统弹出如图 4.28 所示文本窗口,以列表形式显示查询结果。

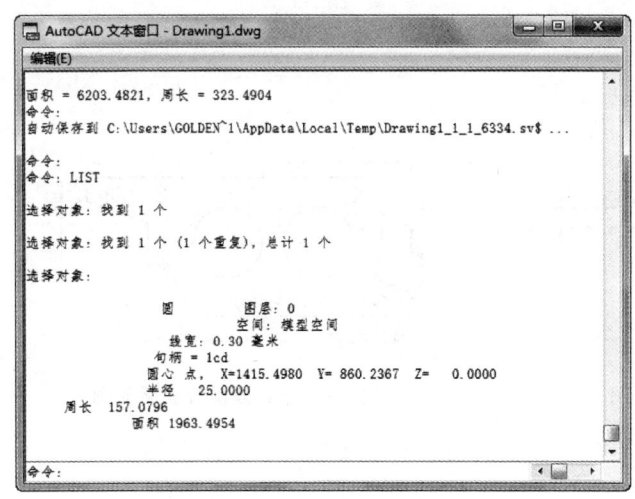

图 4.28 "列表显示"文本窗口

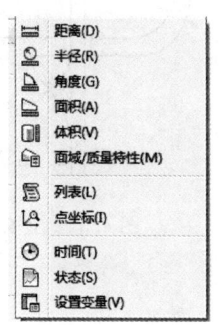

图 4.29 AutoCAD 2010 "查询"菜单选项

除上述查询功能外,AutoCAD 2010 还提供了半径查询、角度查询(可查询圆弧夹角、两直线夹角)、体积查询、面域/质量特性查询等,如图 4.29 所示。其中,体积查询用于查询三维实体的体积、面域/质量特性查询用于计算面域或三维实体的质量特性。

1. 实训题

(1) 绘制如图 4.30 所示图形并填充图案。

（2）按图示尺寸绘制图 4.31。

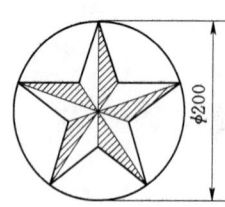
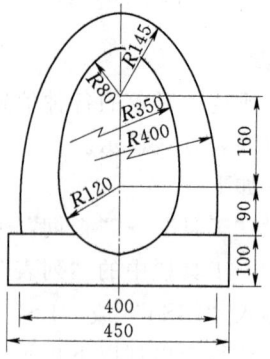

图 4.30　图案填充练习　　　图 4.31　管道断面图

（3）按图 4.32 所示尺寸绘制立交桥。

（4）按图 4.33 所示尺寸绘制空心板桥边板断面图。

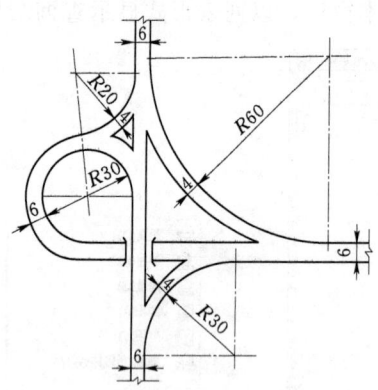
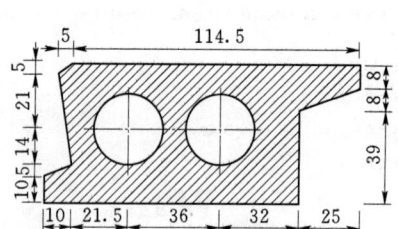

图 4.32　立交桥平面图　　　图 4.33　空心板桥边板断面图

学习项目 5　文本标注与尺寸标注

学习目标：
- 了解尺寸的组成与常用标注方法。
- 熟悉尺寸样式的建立与管理。
- 熟悉文字样式的建立与管理。
- 熟悉单行文字的标注方法。
- 掌握长度型尺寸标注的方法。
- 掌握多行文字的标注方法。
- 掌握文本标注和尺寸标注的编辑方法。

学习单元 5.1　文　本　标　注

一张完整的工程图，除了图形外，还要有相关的文字说明，即文本信息。这样才能准确地表达设计师的意图。文本信息是描述图形的重要内容，如技术要求、标题栏、明细表，以及在尺寸标注时标注的尺寸数值等。本单元介绍文字样式的设置、文字标注、文本编辑等内容。

5.1.1　创建文字样式

在不同的场合会使用到不同的文字样式，设置不同的文字样式是文本标注的首要任务。文字样式设置了文字的特性，例如字体、字宽、高度和其他的文字效果。当设置好文字样式后，可以利用该文字样式和相关的文字标注命令标注文字。

1. 创建文字样式的命令执行方式

（1）单击菜单栏"格式"→"文字样式"。

（2）单击"样式"工具栏图标按钮 A。

（3）在命令行输入"style"或"st" ↙。

启动命令后，系统弹出"文字样式"设置对话框，如图 5.1 所示，该对话框包括"样式"、"字体"、"大小"、"效果" 4 个区域，"样式"列表中列出了当前可以使用的文字样式，默认文字样式为"Standard"。利用打开的"文字样式"对话框可以创建新文字样式或修改已有的文字样式，并设置文字的当前样式。

2. 创建文字样式的步骤

（1）执行文字样式命令，打开"文字样式"对话框。

（2）设置文字样式名称。单击"新建"按钮，弹出"新建文字样式"对话框，如图 5.2 所示。默认的样式名为"样式 1"，在输入新的样式名后单击"确定"按钮，在"样

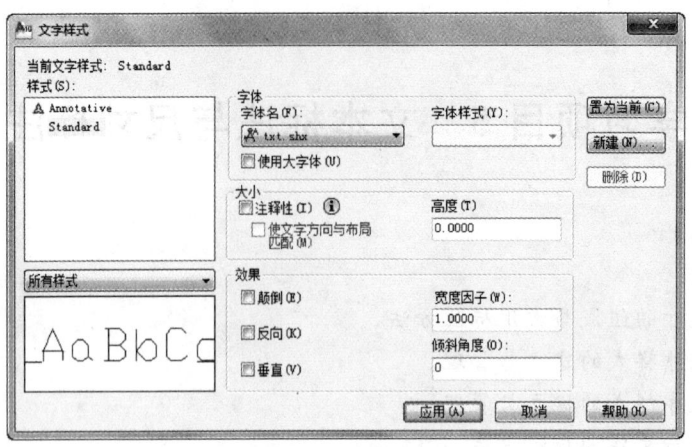

图 5.1 "文字样式"对话框

式"区域会显示新创建的文字样式名。

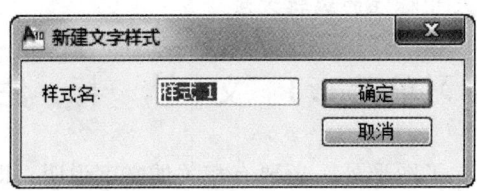

图 5.2 "新建文字样式"对话框

(3) 选择字体。字体决定了文字的最终显示形式,通过"字体名"下拉列表框可以选择已有字体。

AutoCAD 中有两种类型的字体:Windows 操作系统提供的 True-Type 字体(TTF 字体)和 AutoCAD 的专用字体(SHX 字体)。

True-Type 字体是 Windows 下各种应用软件的通用字体,如宋体、楷体、黑体等,它的特点是字形美观,可供选择字体多,但缺点是占计算机资源。SHX 字体的字形简单,占用计算机资源低,但字形不够美观。在用 AutoCAD 绘图过程中,推荐使用 SHX 字体。

针对中国国家标准,一般在工程图纸中书写汉字要采用大字体汉字,需要在"SHX 字体"下拉列表中选择斜体西文"gbeitc.shx"或直体西文"gbenor.shx",选中"使用大字体"复选框,在"大字体"下拉列表中选择"gbcbig.shx"大字体,如图 5.3 所示。

字体高度默认值为 0,通常情况下不宜固定高度值而取默认值,具体字高在创建文字时指定。

(4) 设置文字效果。在"文字样式"对话框中,使用"效果"选项组中的选项可以设置文字的颠倒、反向、垂直等显示效果,如图 5.4 所示。在"宽度比例"文本框中可以设置文字字符的高度和宽度之比,当"宽度比例"值为 1 时,将按系统定义的高宽比书写文字;当"宽度比例"小于 1 时,字符会变窄;当"宽度比例"大于 1 时,字符则变宽。在"倾斜角度"文本框中可以设置文字的倾斜角度,角度为 0°时不倾斜;角度为正值时向右

学习单元 5.1 文 本 标 注

倾斜；为负值时向左倾斜。

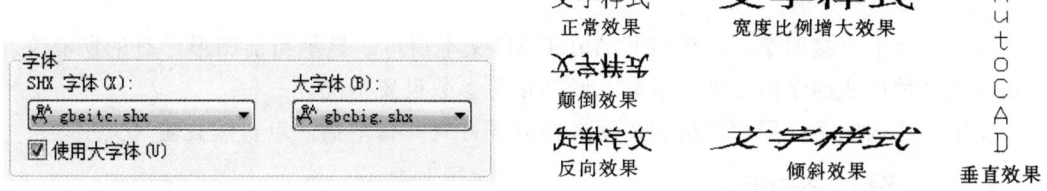

图 5.3 "SHX" 字体　　　　　　　　图 5.4 文字效果示例

(5) 预览与应用文字样式。在"文字样式"对话框的左下角，可以预览所选择或所设置的文字样式效果。设置完文字样式后，单击"应用"按钮即可应用设置好的文字样式。

5.1.2 单行文本的标注

单行文字用来书写比较少的文字对象，如填写标题栏，书写图名等。可以用单行文字创建一行或多行文字，其中，每行文字都是独立的对象。

调用单行文字标注命令有以下 3 种方式：

(1) 单击菜单栏"绘图"→"文字"→"单行文字"。

(2) 单击"文字"工具栏中"单行文字"图标按钮 A 。

(3) 在命令行输入"Text"或"Dt"✓。

单行文字标注命令启动后，系统将提示用户输入指定文字的起始点或设置对齐方式、选择文字字样、选择文字高度等特性。命令行的具体提示及操作如下：

命令：_dtext
当前文字样式："中文字体"　文字高度：2.5000　注释性：否
指定文字的起点或 [对正(J)/样式(S)]：指定文字的起始位置,也可以设定对正方式或选择文字样式
指定高度 <2.5000>：指定文字高度
指定文字的旋转角度 <0>：指定文字旋转角度

在绘图窗口指定的文字起点后，光标在该位置以"Ⅰ"型闪耀，在该位置输入文字内容，回车键可以继续第二行文字，两次回车键结束命令。

1) 设置对正方式。在"指定文字的起点或 [对正（J）/样式（S）]："提示信息后输入 J，可以设置文字的排列方式。输入字母"J"后回车，命令行显示如下提示信息。

输入对正选项[左(L)/对齐(A)/调整(F)/中心(C)/中间(M)/右(R)/左上(TL)/中上(TC)/右上(TR)/左中(ML)/正中(MC)/右中(MR)/左下(BL)/中下(BC)/右下(BR)]<左上(TL)>：

在 AutoCAD 中，系统为文字提供了多种对正方式。如"中间"选项，要求输入标注文本中线的中心，输入字符后，字符均匀地分布于该中心点两侧，"右对齐"选项，要求输入标注文本基线的终点，输入字符后，字符均匀地分布于该终点的左侧。

2) 设置当前文字样式。在"指定文字的起点或 [对正（J）/样式（S）]："提示下输入 S，可以设置当前使用的文字样式。选择该选项时，命令行显示如下提示信息。

输入样式名或 [?]<Standard>：

87

可以直接输入文字样式的名称,也可输入"?",若选择"?",则系统提示:

输入要列出的文字样式<*>:

在此提示下直接回车,系统打开AutoCAD文本窗口,显示当前图形已有的所有文字样式以及每种样式的字体文件、字高、倾斜角等参数设置情况。

文字样式选定后,用户可根据需要选择对齐方式并指定插入点,然后输入文字。

5.1.3 多行文本的标注

多行文字又称为段落文字,其功能比单行文字强大,具有自动换行等排版功能。它可以由两行以上的文字组成,多行文字一次输入的文字为一个整体。

调用多行文字命令的方式有以下三种:

(1) 单击菜单栏"绘图"→"文字"→"多行文字"。
(2) 单击"绘图工具栏"或"文字工具栏"上"多行文字"图标按钮 A 。
(3) 命令行输入"Mtext"或"Mt"✓。

用以上方法中的任一种启动命令后,命令行提示及操作如下:

命令:_mtext 当前文字样式:"中文字体" 文字高度:2.5 注释性:否
指定第一角点:指定矩形框的第一个角点
指定对角点或[高度(H)/对正(J)/行距(L)/旋转(R)/样式(S)/宽度(W)/栏(C)]:

在此提示行下可以直接指定矩形框的第二个对角点,AutoCAD以这两个点作为对角点在绘图窗口中形成一个用来放置多行文字的矩形区域。

启动命令后的多行文字编辑器如图5.5所示,该编辑器界面包括上方"文字格式"工具栏和下方"文字在位编辑框"两部分,"文字格式"工具栏包括对文字样式、字体、字号的设置,还有文字加粗、下划线以及各种段落对齐方式,还可以插入各种符号,"文字在位编辑框"就是注写文字的位置。

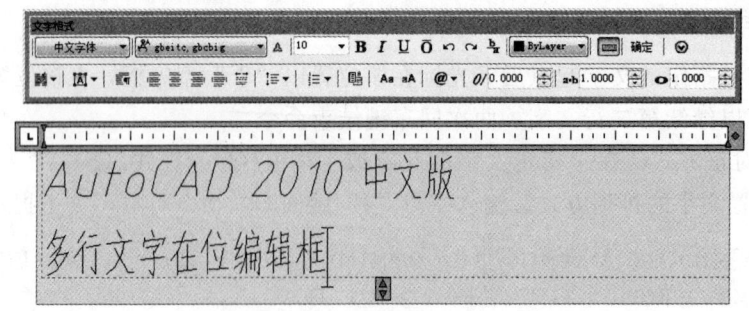

图5.5 多行文字编辑器

当文字编辑框中输入的文字较多时可自动换行,回车可开始新的段落。输入完毕单击确定按钮或直接在编辑框外单击屏幕绘图区任意一点,即可退出多行文字编辑器。

5.1.4 工程特殊字符的输入

在实际工程绘图中,往往需要标注一些特殊的字符。例如,在文字上方或下方添加划线、标注角度符号（°）、正负符号（±）、直径符号（φ）等。这些特殊字符不能从键盘上直接输入，因此 AutoCAD 提供了常用符号输入按钮（多行文字编辑器"文字格式"工具栏上的 @▾ 按钮，按下该按钮后弹出如图 5.6 所示菜单）及相应的控制符，以实现这些标注要求。控制符一般由两个连续的百分比符号（％％）和一个字母组成，在"输入文字:"提示下，输入控制符时，这些控制符也临时显示在屏幕上，当结束文本创建命令时，这些控制符将从屏幕上消失，转换成相应的特殊符号。

图 5.6 常用符号菜单　　　　　图 5.7 "字符映射表"对话框

若要输入常用符号以外的特殊字符，可以点选图 5.7 菜单中的"其他（O）…"，弹出"字符映射表"对话框，如图 5.7 所示。"字符映射表"对话框中所列字符一般能够满足用户绘图需要。

5.1.5 文本编辑

一般来讲，编辑文字应涉及两个方面，即修改文本内容和文本特性。下面介绍几种编辑文字的方法。

1. 用文字编辑命令编辑文字

调用命令的方式如下：

（1）单击菜单栏"修改"→"对象"→"文字"→"编辑"。

（2）单击"文字工具栏"编辑文字图标按钮 ⒶZ。

（3）命令行输入"Ddedit"或"Ed"✓。

（4）双击要编辑的文本。

应用上述方式中的前 3 种启动命令后，命令行提示及操作过程如下：

学习项目 5 文本标注与尺寸标注

选择注释对象或[放弃(U)]：

用户可按提示直接拾取要编辑的文字对象，第 4 种方法则不需要拾取要编辑的文字。若文字标注是用单行文字标注的，可直接在位编辑单行文字；若文字标注是用多行文字标注的，则弹出"多行文字编辑器"对话框，用户可在对话框中输入新的文本内容，单击"确定"按钮即可。

2. 用"特性"选项板编辑文字

选择要编辑的文字，此时文字变暗，启动"特性"选项板，如图 5.8 所示，与文字对象有关的特性将显示在"特性"选项板中。

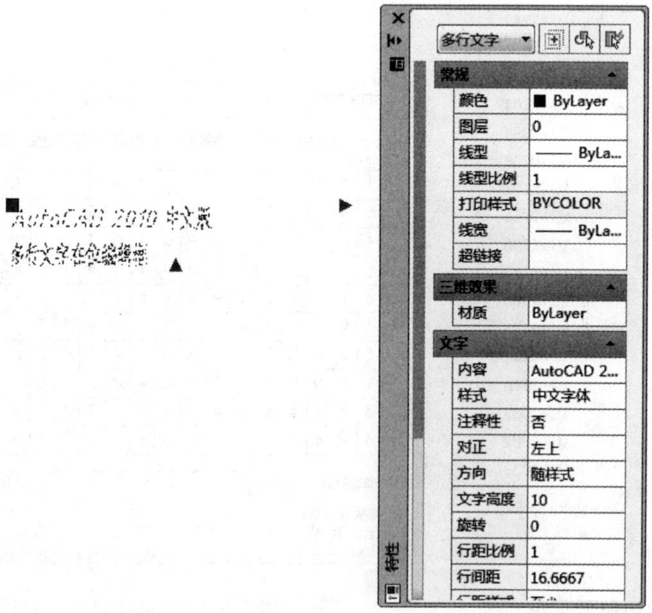

图 5.8 文字对应的"特性"选项板

在"特性"选项板中，在要修改的项目名称上单击，其右侧会显示输入框或下拉列表，从中输入新值或选择需要的选项，再按 Esc 取消夹点，完成修改操作。一般可修改文字特性如文字高度、宽度、旋转角度等。

学习单元 5.2 尺 寸 标 注

借助 AutoCAD 强大的绘图与编辑功能，可以精确的绘制各种工程图样，但这还不足以完整表达设计意图，一张完整的图纸除了必要的文字说明外还应该对图形文件进行尺寸标注。

5.2.1 尺寸标注的组成

在工程绘图中，一个完整的尺寸标注应由尺寸线、尺寸界线（延伸线）、箭头和标注文本等 4 部分组成，这 4 个部分是一个整体，一个标注是一个对象，如图 5.9 所示。

学习单元 5.2 尺 寸 标 注

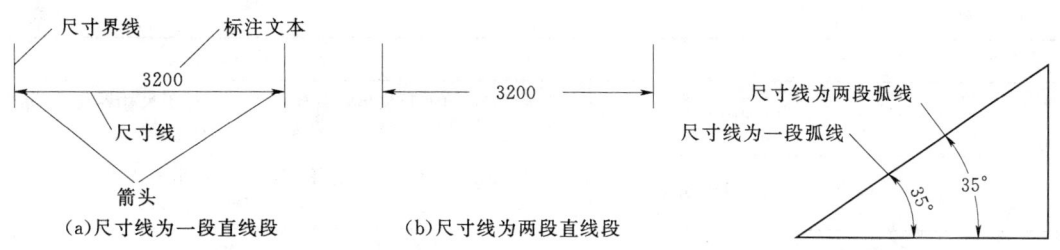

图 5.9 尺寸标注的组成　　　　　图 5.10 角度标注

(1) 尺寸线。尺寸线是一条直线段或两条直线段。一般标注文本位于尺寸线的上方,当文本在尺寸线中间时,尺寸线为两条直线段。若是角度标注,则尺寸线为一段或两段圆弧,如图 5.10 所示。

(2) 尺寸界线(延伸线)。尺寸界线位于欲标注图形的两端,是一条直线段,表明尺寸线的标注起点和终点。

(3) 箭头。尺寸箭头位于尺寸线的两端,可作为尺寸起止符号在设置尺寸标注起止符号样式时可根据图形是建筑专业的图还是机械专业的图而设置其类型。建筑专业的图一般用建筑标记的尺寸起止符,机械专业的图一般用实心闭合的箭头。

(4) 标注文本。标注文本表示图形的长度、角度的文本,是尺寸标注的主要内容,尺寸数值与图形本身的大小和精度无关。

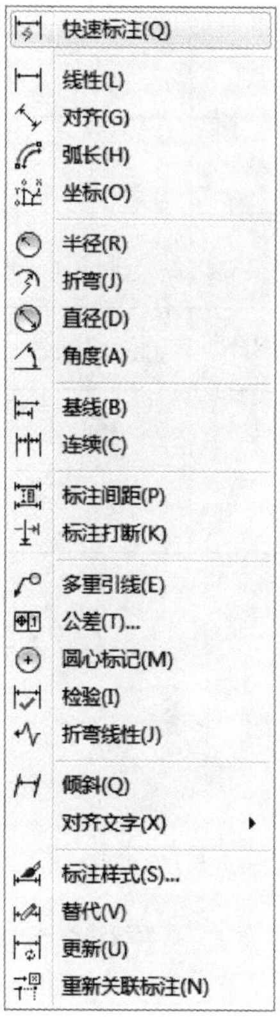

5.2.2 尺寸标注类型

调用尺寸标注命令有两种方法:

(1) 单击"标注"菜单下的相应菜单项,如图 5.11 所示。

(2) 单击标注工具栏上的相应图标按钮,如图 5.12 所示。

由此可见,AutoCAD 尺寸标注的类型有多种,主要有线性标注、对齐标注、半径标注、直径标注、角度标注、基线标注、连续标注、引线标注、公差标注等。各种常规类型的尺寸标注如图 5.13 所示,其功能见表 5.1。

图 5.11 "标注"菜单项

图 5.12 "标注"工具栏

表 5.1　　　　　　　　　　AutoCAD 标注命令功能

菜单	工具按钮	命令	说　明
快速标注		QDIM	通过一次选择多个对象,创建标注阵列,如基线、连续和坐标标注
线性		DIMLINEAR	测量两点间的直线距离,创建水平、垂直或旋转线性标注

续表

菜单	工具按钮	命令	说　明
对齐		DIMALIGNED	测量对象的真实长度值,创建尺寸线平行于尺寸界线原点的线性标注
坐标		DIMORDINATE	创建坐标点标注,显示从给定原点测量出来的点的 X 或 Y 坐标
半径		DIMRADIUS	测量圆或圆弧的半径
直径		DIMDIAMETER	测量圆或圆弧的直径
角度		DIMANGULAR	测量角度
基线		DIMBASELINE	从上一个或选定标注的基线做连续的线性、角度或坐标标注,都从相同原点测量尺寸
连续		DIMCONTINUE	从上一个或选定标注的第 2 条尺寸界线作连续的线性、角度或坐标标注
多重引线		QLEADER	创建注释和引线,标识文字和相关的对象
公差		TOLERANCE	创建形位公差
圆心标记		DIMCENTER	创建圆或圆弧的圆心标记或中心线

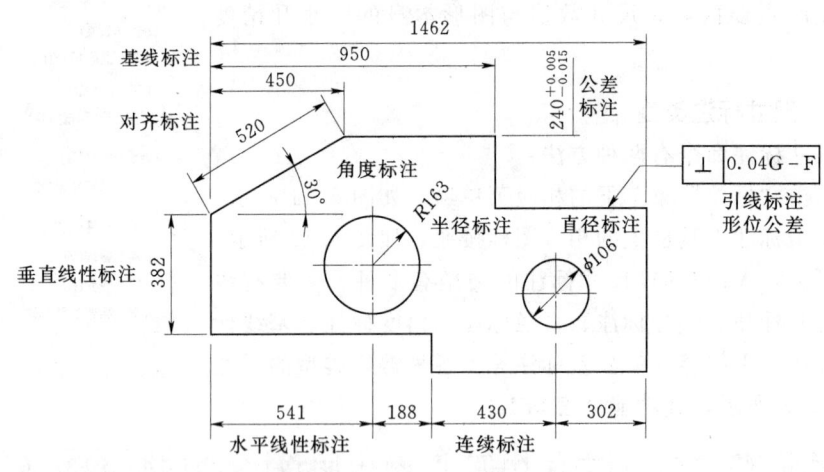

图 5.13　尺寸标注类型示例

5.2.3　创建与设置尺寸标注样式

尺寸标注样式的内容包括设置箭头、尺寸线、延伸线以及标注文本 4 个要素的大小和位置等。用户可根据实际绘图需要设置尺寸标注的各项内容,并指定一个尺寸标注样式名。

尺寸标注样式的创建与设置一般通过"标注样式管理器"对话框进行。可以通过以下几种方法启动管理器:

(1) 单击菜单栏"格式"→"标注样式"。
(2) 单击样式工具栏图标按钮。
(3) 命令行输入"Dimstyle"或"D"↙。

上述方法中任意一种均可启动"标注样式管理器",如图5.14所示。在"样式"列表框中显示当前已有的标注样式,在"预览"框中直观显示该样式的外观格式。

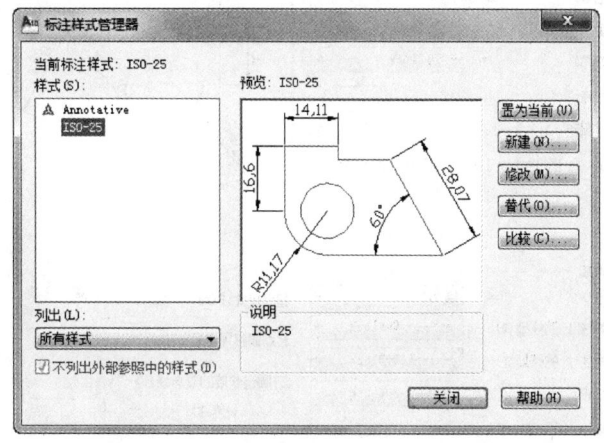

图 5.14 "标注样式管理器"对话框

5.2.3.1 创建尺寸标注样式

在"标注样式管理器"对话框中,单击"新建"按钮,打开"创建新标注样式"对话框,如图5.15所示。

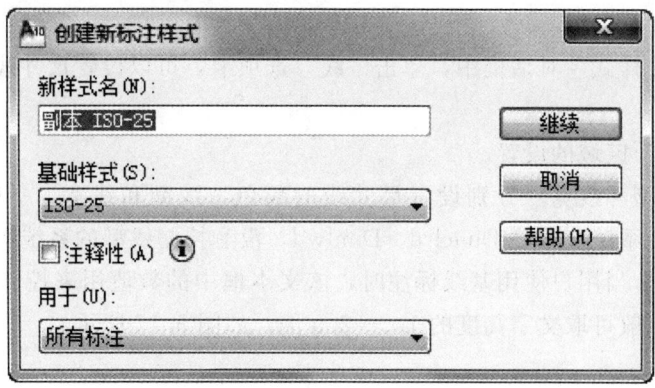

图 5.15 "创建新标注样式"对话框

在"新样式名"文本框中输入新样式的名称,如"dim1",在"基础样式"下拉列表框中选择一种基础样式,新样式将在该基础样式上进行修改,在"注释性"复选框指定标注样式的注释性,在"用于"下拉列表框用于指定新建标注样式的适用范围,一般使用默认选项"所有标注"。

完成上述设置后,单击对话框中的"继续"按钮,将打开"新建标注样式"对话框,该对话框中共包括"线"、"符号和箭头"、"文字"、"调整"、"主单位"、"换算单位"、"公差"7个选项卡,如图5.16所示。在这些选项卡中逐一完成各标注元素的设置,具体设置方法见下文。

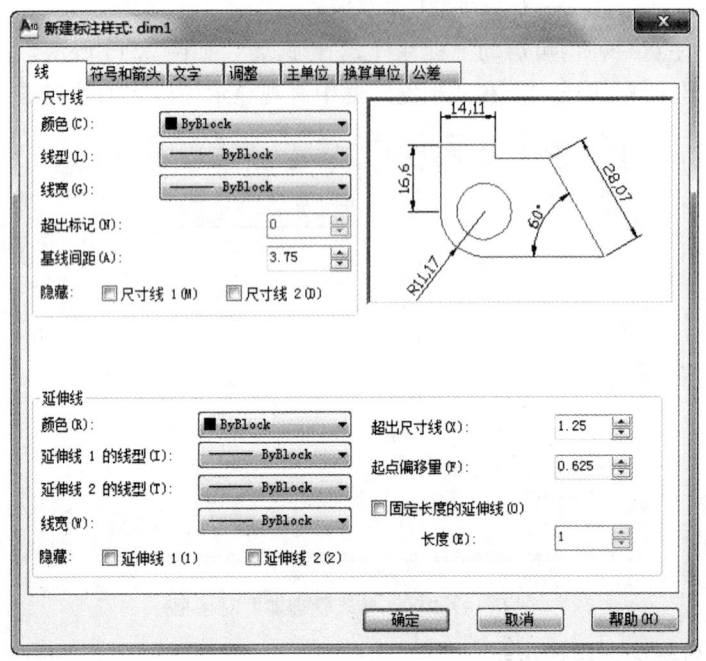

图5.16 "新建标注样式"对话框

5.2.3.2 设置尺寸标注样式

1. 设置线

在"新建标注样式"对话框中,单击"线"选项卡,可以设置尺寸线、延伸线(尺寸界线)的特性。

(1)"尺寸线"区域的设置。

1)颜色、线型和线宽。分别设置尺寸线的颜色、线型和线宽,一般选择ByBlock。控制颜色和线宽的系统变量是Dimclrd、Dimlwd,没有控制线型的系统变量。

2)基线间距。当用户使用基线标注时,该文本框中的数值用来控制基线标注各尺寸线之间的距离。一般可取文字高度的1.5~2.0倍,如图5.17所示。

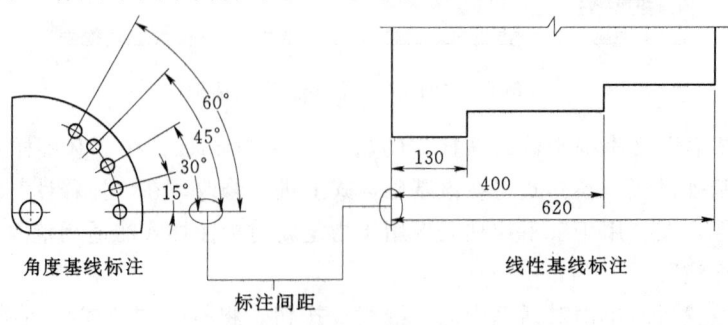

图5.17 基线间距

3)超出标记。使用倾斜、建筑标记作为箭头的标记时,可以输入一个数值,以设置尺寸线超出尺寸界线的长度,如图 5.18 所示。一般情况下可以为 0。

4)隐藏。在剖视图的尺寸标注中,有时只需要显示一侧的尺寸线、延伸线和标注箭头,两个复选框分别控制是否隐藏第一条、第二条尺寸线以及相应的尺寸箭头,如图 5.19 所示。

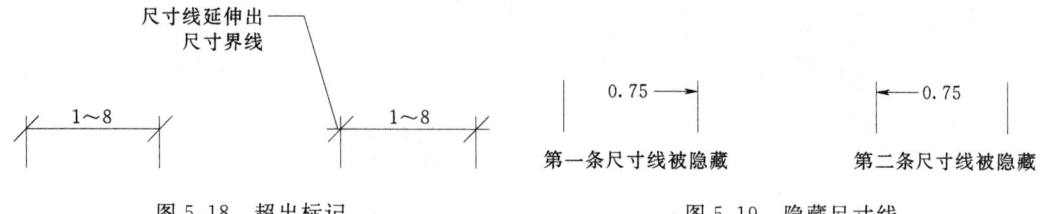

图 5.18 超出标记　　　　　　　图 5.19 隐藏尺寸线

(2)"延伸线"区域的设置。

1)颜色、线型和线宽。延伸线的颜色、线型和线宽与尺寸线的设置相同。

2)超出尺寸线和起点偏移量。分别用来控制延伸线超出尺寸线的长度和延伸线的起点与用户指定标注的定义点(拾取点)之间的距离。一般取文字高度的 2/4~3/4,如图 5.20 所示。

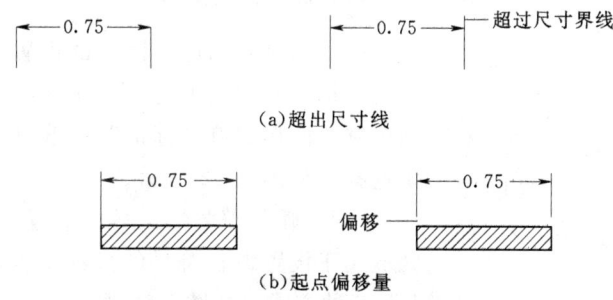

图 5.20 超出尺寸线和起点偏移量

3)隐藏。与隐藏尺寸线的操作类似,控制是否隐藏第一条或第二条延伸线。

4)固定长度的延伸线。设置延伸线从尺寸线开始到延伸线端点的总长度。建筑图中常用此设置。

2. 设置符号和箭头

在"符号和箭头"选项卡中,可以设置尺寸线和引线箭头的类型及大小、圆心标记、弧长符号和半径折弯标注格式和位置等,如图 5.21 所示。

(1)"箭头"区域的设置。

1)第一个和第二个。用于设置两个尺寸箭头的形状。用户可以通过下拉列表给当前标注样式指定适当的箭头形式。一个尺寸的两个箭头可以分别控制,但通常情况下,尺寸线的两个箭头应一致。

2)引线。用于设置引线的箭头形状。

3)箭头大小。用于设置尺寸箭头的大小。对于"实心闭合"一般设置为与文字高度相同或接近,对于"建筑标记"一般为文字高度的一半。

学习项目 5　文本标注与尺寸标注

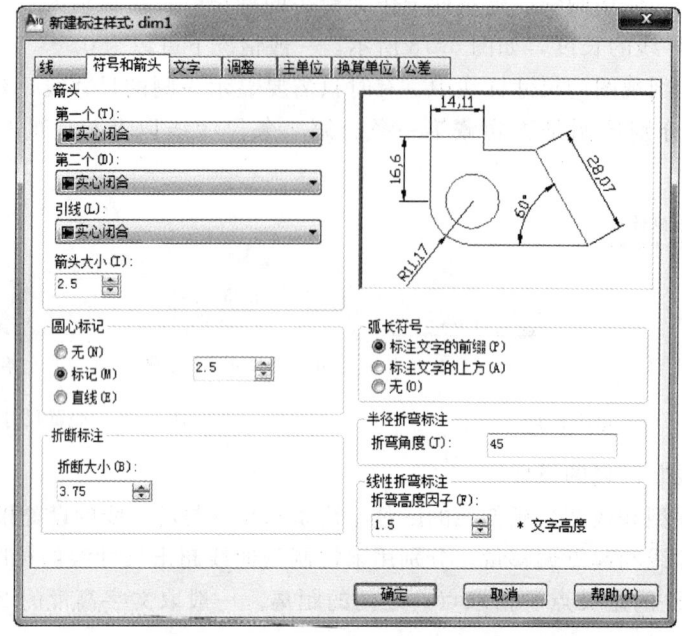

图 5.21　"符号和箭头"选项卡

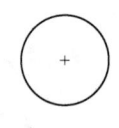

（a）圆心标记

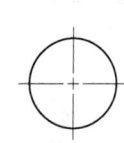

（b）直线标记

图 5.22　圆心标记类型

（2）"圆心标记"区域的设置。该选项区用来控制直径标注和半径标注的圆心标记和中心线的外观，标记圆心的形式有"标记"、"直线"和"无"三种可供选择，如图 5.22 所示。

（3）"弧长符号"区域的设置。"弧长符号"选项区域用于设置弧长符号的显示位置，包括"标注文字的前缀"、"标注文字的上方"和"无"三种方式，如图 5.23 所示。

（a）标注文字的前缀

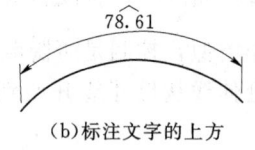
（b）标注文字的上方

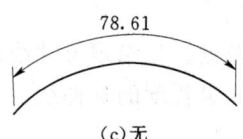
（c）无

图 5.23　弧长符号的设置

（4）"半径折弯标注"区域的设置。该选项区可以设置圆弧折弯标注时标注线的折弯角度大小。

（5）"折断标注"区域的设置。该选项区域可以设置标注打断时标注线的长度大小。

（6）"折断标注"区域的设置。该选项区域可以设置折弯线的高度大小。

3. 设置文字

在"文字"选项卡中，可以设置文字的外观、位置和对齐方式等，如图 5.24 所示。

（1）"文字外观"区域的设置。

1）文字样式。显示和设置尺寸文字的文字样式。从下拉列表中可以选择一种已经定

图 5.24 "文字"选项卡

义的文字样式作为尺寸文本的字体样式。也可以单击其后的按钮,打开"文字样式"对话框创建和修改文字样式。

2) 文字颜色。用于设置标注文本的颜色,通常取默认值 ByBlock。

3) 填充颜色。用于设置标注文本的背景颜色。制图要求图线不应穿过尺寸文字,不可避免时选择"背景"作为填充颜色可以起到断开图线的作用。

4) 文字高度。用于设置标注文本的文字高度。在"文字样式"中文字高度应设置默认值为 0,否则这里输入的高度无效。

5) 分数高度比例。用于设置标注文本中的分数相对于其他标注文本的比例,AutoCAD 将该比例值与标注文本高度的乘积作为分数的高度。

6) 绘制文字边框。复选框用于设置是否给标注文本加边框。

(2) "文字位置"区域的设置。

1) 垂直。用于设置文字相对于尺寸线在垂直方向的位置,有居中、居上、居下、外部和 JIS 几种选择。如图 5.25 所示。其中 JIS 选项是按 JIS 规则放置标注文本。

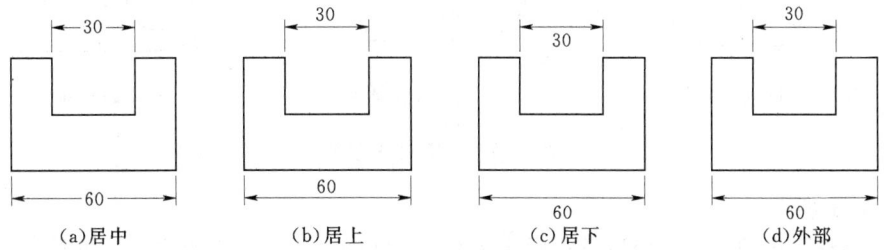

图 5.25 文字垂直位置的形式

2)水平。用于设置标注文本相对于尺寸线和延伸线在水平方向的位置,有置中、第一条延伸线、第二条延伸线、第一条延伸线上方、第二条延伸线上方五种选择,如图5.26所示。

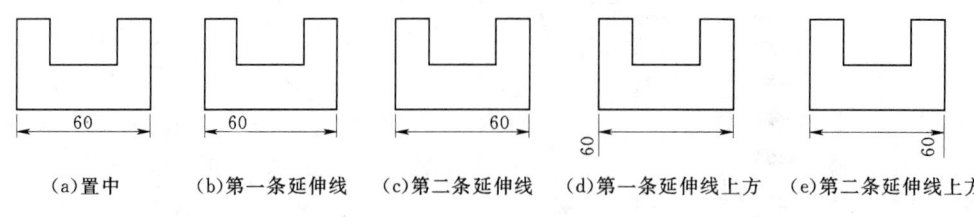

图 5.26　文字水平位置的五种形式

3)从尺寸线偏移。用来设置文字与尺寸线之间的间距,默认值是 0.625,如图 5.27 所示。

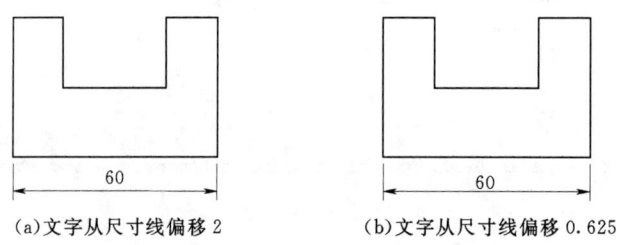

图 5.27　文字从尺寸线偏移

(3)"文字对齐"区域的设置。用于设置标注文本时,文字是保持水平还是与尺寸线平行,如图 5.28 所示。

1)水平。所有标注文本都水平放置。

2)与尺寸线对齐。所有标注文本都与尺寸线平行放置。

3)ISO 标准。当文字在延伸线内时,文字与尺寸线对齐;当文字在延伸线外时,文字水平放置。

推荐设置:线性标注选择"与尺寸线对齐",直径和半径标注按"ISO 标准",角度标注以"水平"方式对齐。

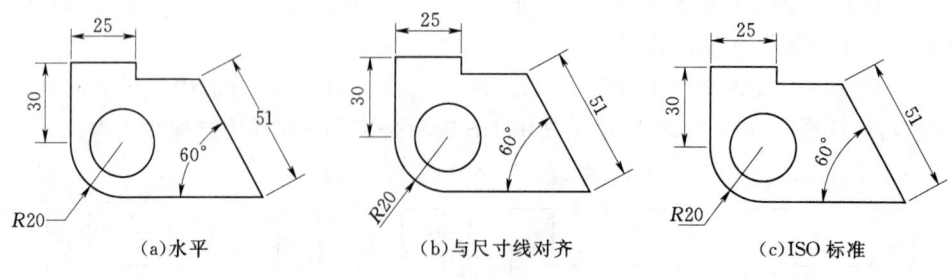

图 5.28　文字对齐方式

4. 设置调整

在"调整"选项卡中,可以设置标注文本、尺寸线、尺寸箭头的位置,如图 5.29 所示。

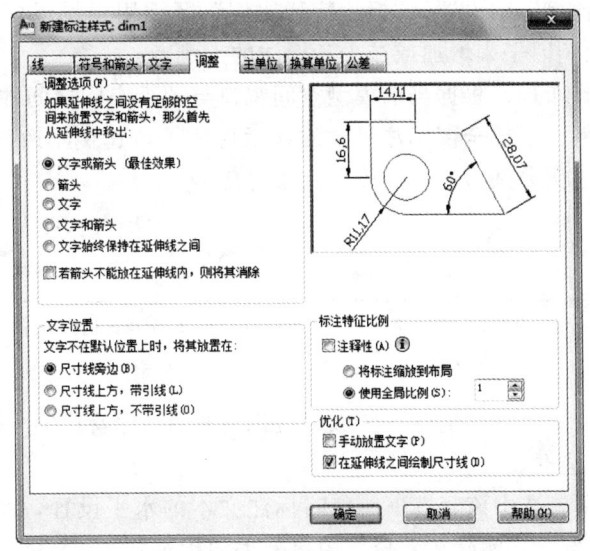

图 5.29 "调整"选项卡

(1)"调整选项"的设置。

1)文字或箭头,取最佳效果。两条延伸线间的空间容不下文字或箭头时,将文字或箭头移到延伸线外或者都移出去,以达到最佳效果。

2)箭头。延伸线间的空间容不下文字或箭头时,首先考虑将箭头移到延伸线外,如果空间还不够,再将文字移出。

3)文字。延伸线间的空间不够时,先移出文字,若仍不够,再移出箭头。

4)文字和箭头。延伸线间的空间容不下文字和箭头时,将文字和箭头都移到延伸线外。

5)文字始终保持在延伸线之间。文字总是在延伸线之间,无论延伸线间的空间的大小如何。

6)选择"若箭头不能放在延伸线内,则将其消除"复选框表示延伸线间空间不够时,不显示箭头。

(2)"文字位置"的设置。"文字位置"区域用于设置标注文字从默认位置移动时标注文字的位置,如图 5.30 所示。

1)尺寸线旁边。移动标注文字时,文字放置在尺寸线一侧,且尺寸线和标注文字一起移动。

2)尺寸线上方,带引线。在移动标注文字时,尺寸线不动,但添加一条引线。

3)尺寸线上方,不带引线。在移动标注文字时,尺寸线不动,不添加一条引线。

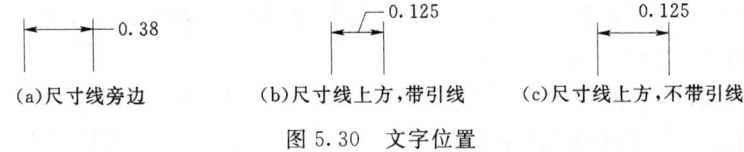

图 5.30 文字位置

(3)"标注特征比例"的设置。"标注特征比例"区域用于设置标注尺寸的特征比例,以便通过设置全局比例因子来增加或减少各标注的大小。

1)将标注缩放到布局。根据当前模型空间视口与图纸空间之间的缩放关系设置比例。

2)使用全局比例。设置全部标注尺寸的显示比例,该比例不改变尺寸的测量值。如图 5.31 所示,全局比例分别为 0.5 和 1 的效果对比。

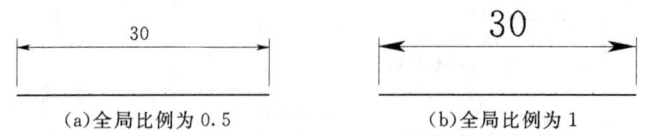

图 5.31　全局比例设置效果对比

(4)"优化"的设置。在"优化"区域,可以对标注文本和尺寸线进行细微调整,该区域包括以下两个复选框。

1)手动放置文字。选中该复选框,忽略标注文本的水平设置,及"文字始终保持在延伸线之间"的调整设置,实际放置位置由鼠标手动指定。

2)在延伸线之间绘制尺寸线。选中该复选框,表示在延伸线之间始终绘制尺寸线。

5．设置主单位

在"主单位"选项卡中可以设置主单位的格式与精度等属性,如图 5.32 所示。

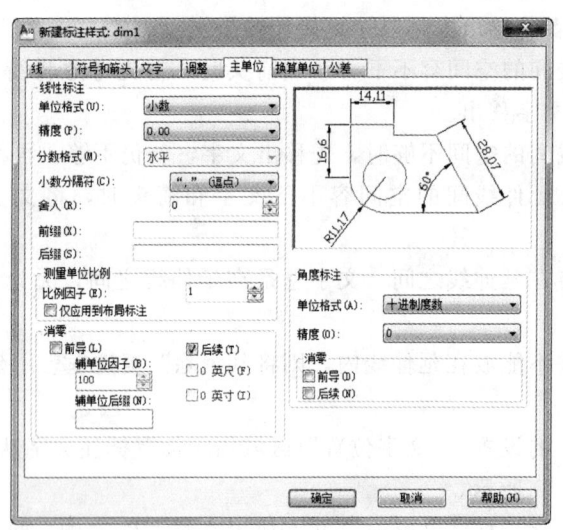

图 5.32　"主单位"选项卡

(1)"线性标注"的设置。在"线性标注"区域,可以设置线性标注的单位格式与精度。

1)单位格式。用于设置除角度标注之外的其余各标注类型的尺寸单位,包括科学、小数、工程、建筑、分数及桌面等选项。

2)精度。用于设置除角度标注之外的其他标注的尺寸精度。

3)分数格式。当单位格式为分数时,可以设置分数的格式,包括水平、对角和非堆叠 3 种。

4)小数分隔符。用于设置小数的分隔符,包括逗点、句点和空格3种。

5)舍入。用于设置除角度标注外的尺寸测量值的舍入值。

6)"前缀"和"后缀"文本框。可根据需要输入尺寸文本的前缀和后缀。

7)测量单位比例。使用"比例因子"文本框可以设置测量尺寸的缩放比例,使用该选项之后,标注线性尺寸标注的数值是实际长度乘以标注的比例因子。

"仅应用到布局标注"复选框用来控制当前模型空间和图纸空间的比例系数。

8)消零。用于设置是否显示尺寸标注中的前导零和后续零,以及零英尺和零英寸。

(2)"角度标注"的设置。

1)单位格式。用于设置角度单位格式。系统提供了四个选项供用户选择:十进制度数、度/分/秒、百分度和弧度。

2)消零。用来控制尺寸标注时是否显示前导零和后续零,意义与线性标注的相同。

6.设置换算单位

在"换算单位"选项卡中可以指定标注测量值中换算单位的显示,并设置其格式和精度。如果选择了"显示换算单位",则为标注文字添加换算测量单位,此选项中所有选项将被激活,如图5.33所示。

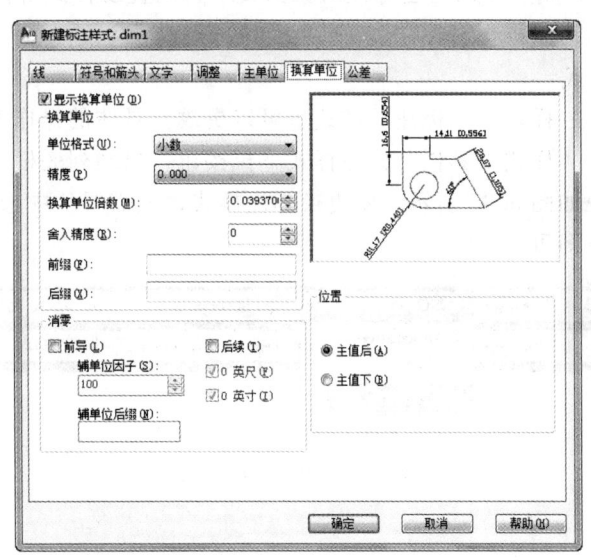

图 5.33 "换算单位"选项卡

完成上述"新建标注样式"的设置后单击"确定"按钮,回到"标注样式管理器"对话框,如图5.34所示,这时对话框显示当前样式为"dim1",在预览框中显示样式"dim1"的预览效果,单击"关闭"按钮,就可以在"dim1"样式下进行尺寸标注了。

如果要对某一尺寸标注样式进行修改,可通过前述方法打开"标注样式管理器"对话框,在"样式"列表框中选中要修改的样式,点击"修改(M)"按钮,对相关标注要素重新进行设置即可。当尺寸标注样式较多,在应用某一标注样式进行尺寸标注之前,一定要将该样式置为当前样式。

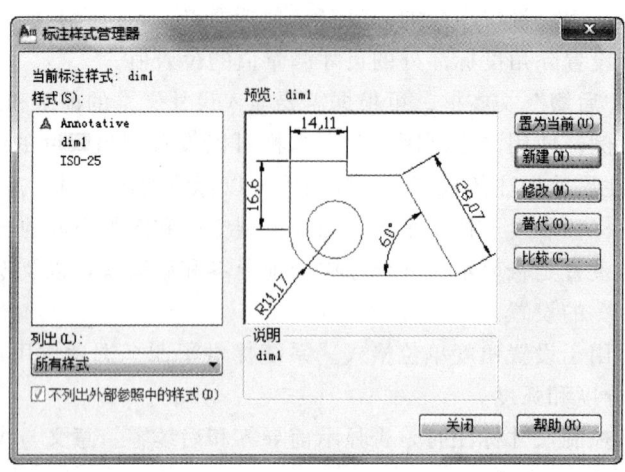

图 5.34 回到"标注样式管理器"对话框

5.2.4 尺寸标注的编辑与修改

在 AutoCAD 中，用户可以对已标注对象的文字、位置及样式等内容进行修改，而不必删除所标注的尺寸对象再重新标注。

1. 更换标注样式

与更换文字标注一样，尺寸标注的样式也可以更改。具体的操作方法是：选中你要更改的尺寸标注，单击"样式工具栏"标注样式下拉按钮，出现列表框，列表框内可以查看到所有的标注样式，如图 5.35 所示。要更换标注样式，只需要从中选择你所需要的样式，再按 Esc 键取消夹点即可。

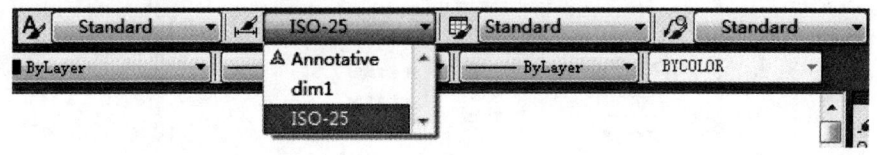

图 5.35 更换标注样式

2. 编辑标注

编辑标注命令的调用方法如下。

(1) 单击标注工具栏上图标按钮。

(2) 命令行输入"Dimedit"✓。

启动编辑标注命令后，命令行提示：

命令：_dimedit
输入标注编辑类型 [默认(H)/新建(N)/旋转(R)/倾斜(O)] <默认>：

各选项的意义如下：

1) 默认：选择该选项，并选择尺寸对象，可以按默认位置及方向放置尺寸文字。
2) 新建：选择该选项，可以修改尺寸文字，此时系统将显示"文字格式"工具栏和文字输入窗口，修改或输入尺寸文字后，选择需要修改的尺寸对象即可。

3) 旋转：选择该选项，可以将尺寸文字旋转一定角度，先输入角度值，再选择尺寸对象。

4) 倾斜：选择该选项，可以将线性标注的延伸线倾斜一定角度，这时需要先选择尺寸对象，然后设置倾斜角度值。

3. 编辑标注文字的位置

编辑标注文字命令的调用方法如下。

（1）单击标注工具栏上图标按钮。

（2）命令行输入"Dimtedit"✓。

启动编辑标注文字命令后，命令行提示：

命令：_dimtedit
选择标注：
为标注文字指定新位置或 [左对齐(L)/右对齐(R)/居中(C)/默认(H)/角度(A)]：

各选项的意义如下：

1) 左对齐和右对齐：选择该选项，可以将尺寸文字沿尺寸线左对齐或右对齐。

2) 居中：选择该选项，可以将尺寸文字放在尺寸线的中间。

3) 默认：选择该选项，可以按默认位置及方向放置尺寸文字。

4) 角度：选择该选项，可以按指定角度旋转尺寸文字。

4. 修改标注的特性

这里还有一种比较简单的修改标注特性的方法，就是利用"特性选项板"去修改尺寸要素。方法如下：双击一个标注，弹出"特性选项板"，这里显示了与普通对象一样的基本特性，还有尺寸要素设置等各专有特性，用户只需要在此修改即可，如图5.36所示。

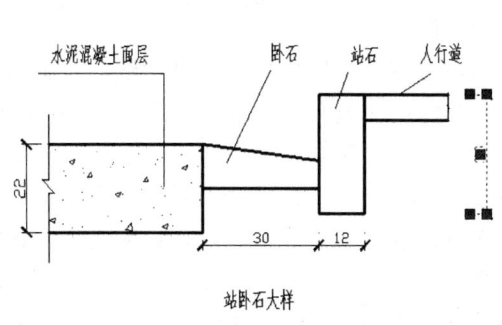
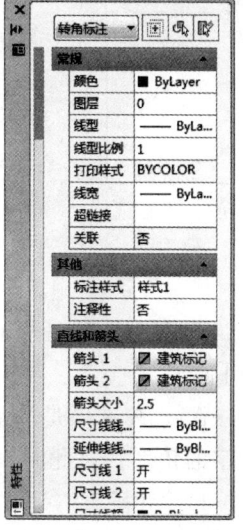

图 5.36 利用"特性选项板"查看和修改标注的特性

5.2.5 尺寸标注

5.2.5.1 线性标注

线性标注用以标注图形在水平方向、垂直方向或指定角度方向上的尺寸。

线性标注命令的调用方法有三种。

(1) 单击菜单栏"标注"→"线性"。

(2) 单击标注工具栏上图标按钮。

(3) 命令行输入"Dimlinear"或"DLI"✓。

启动线性标注命令后，命令行提示：

命令：_dimlinear	
指定第一条延伸线原点或 <选择对象>:	捕捉端点 1(图 5.37)
指定第二条延伸线原点:	捕捉端点 2
指定尺寸线位置或	
[多行文字(M)/文字(T)/角度(A)/水平(H)/垂直(V)/旋转(R)]:	在适当位置单击
标注文字 = 70	完成尺寸标注

回车或空格重复上一个线型标注命令，继续如下标注：

命令:	
DIMLINEAR	
指定第一条延伸线原点或 <选择对象>:	捕捉端点 2
指定第二条延伸线原点:	捕捉端点 3
指定尺寸线位置或	
[多行文字(M)/文字(T)/角度(A)/水平(H)/垂直(V)/旋转(R)]:	在适当位置单击
标注文字 = 45	完成尺寸标注

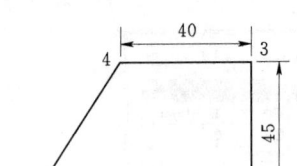

图 5.37 线性标准

继续回车或空格，重复线性标准命令，捕捉端点 3，4，完成尺寸标注 40。

默认情况下，当用户指定了尺寸线的位置后，系统将按自动测量出的两个延伸线起始点间的相应距离标注出尺寸。上面的命令行提示包含多个选项，各选项意义如下。

1) 多行文字（M）。M 选项是用"多行文字编辑器"输入标注文本，取代测量值，可以是说明文字、数字或文字和数字混合等。

2) 文字（T）。该选项是用输入的文本取代自动测量值，与 M 选项功能相同，仅实现形式有区别而已。

3) 角度（A）。A 选项是用来设置标注的倾斜角度。选取此选项后，命令行继续提示"指定标注文字的角度:"，此时输入角度值并按回车键即可。

4) 水平（H）和垂直（V）。用于标注水平尺寸和垂直尺寸。

5) 旋转（R）。R 选项用来指定标注测量的旋转角度。

线性标注调用不同选项的标注效果如图 5.38 所示。

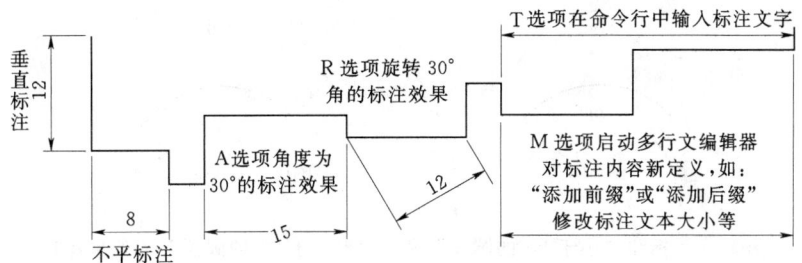

图 5.38 线性标注各选项的标注效果

5.2.5.2 对齐标注

对齐标注用来标注倾斜的图形对象，标注结果的尺寸线与图形对象相平行。

对齐标注命令的调用方法有三种。

(1) 单击菜单栏"标注"→"对齐"。

(2) 单击标注工具栏上图标按钮 。

(3) 命令行输入"Dimligned"或"DAL"✓。

对齐标注的过程及方法与线性标注相同，其结果比较如图 5.39 所示。

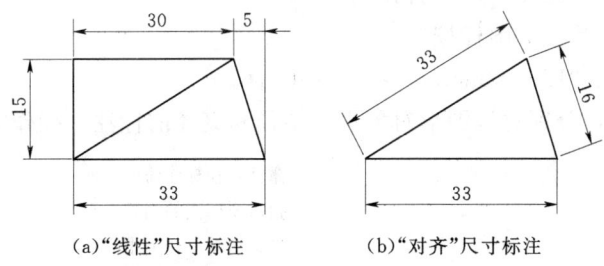

图 5.39 "线性"标注与"对齐"标注的效果比较

5.2.5.3 弧长标注

弧长标注用来标注圆弧的长度，其命令的调用方法如下。

(1) 单击菜单栏"标注"→"弧长"。

(2) 单击标注工具栏上图标按钮 。

(3) 命令行输入"Dimarc"或"DAR"✓。

启动线性标注命令后，命令行提示：

命令：_dimarc

选择弧线段或多段线圆弧段：　　　　　　　　　　拾取弧线

指定弧长标注位置或［多行文字(M)/文字(T)/角度(A)/部分(P)/引线(L)］:指定尺寸线位置

标注文字 = 47.4　　　　　　　　　　　　　　　　显示弧长数字

默认情况下，弧长标注在数字前将显示一个圆弧符号。当标注小于 90°的圆弧时，延伸线相互平行，当标注的弧长大于等于 90°的圆弧时，延伸线与圆弧垂直，如图 5.40 所示。

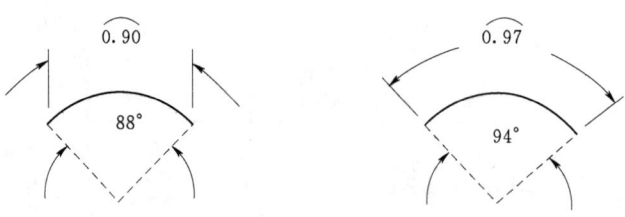

图 5.40　标注"小于 90°的圆弧"和"大于等于 90°的圆弧"的效果比较

5.2.5.4　半径和直径标注

半径或直径标注就是测量圆弧或圆的半径或直径，并显示前面带有字母 R 或 ϕ 的标注文字。

1. 调用半径标注命令的方法

(1) 单击菜单栏"标注"→"半径"。

(2) 单击标注工具栏上图标按钮 。

(3) 命令行输入"Dimradius"或"DRA"✓。

2. 调用直径标注命令的方法

(1) 单击菜单栏"标注"→"直径"。

(2) 单击标注工具栏上图标按钮 。

(3) 命令行输入"Dimdiameter"或"DDI"✓。

如图 5.41 所示，分别对该图形对象进行半径和直径的标注，操作如下：

命令：_dimradius	激活半径标注命令
选择圆弧或圆：	拾取要标注的圆弧
标注文字 = 37.5	自动测量半径大小
指定尺寸线位置或 [多行文字(M)/文字(T)/角度(A)]：	移动光标在适当位置指定尺寸线
命令：_dimdiameter	激活直径标注命令
选择圆弧或圆：	拾取要标注的圆弧
标注文字 = 37.5	自动测量直径大小
指定尺寸线位置或 [多行文字(M)/文字(T)/角度(A)]：	移动光标在适当位置指定尺寸线

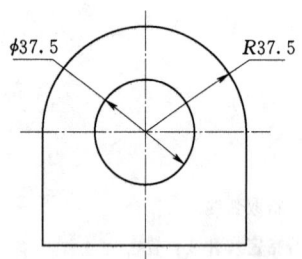

图 5.41　半径和直径标注

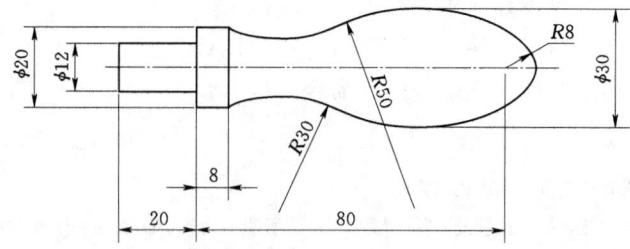

图 5.42　利用选项"多行文字（M）"或"文字（T）"重新确定标注文本

上述操作为直径和半径标注的默认操作，用户也可以利用选项"多行文字（M）"或"文字（T）"重新确定标注文本，如图 5.42 所示。

5.2.5.5 折弯标注

折弯半径标注也称为缩放半径标注。当圆弧或圆半径很大，其中心位于布局或图纸之外并且无法在其实际位置显示时，将创建折弯半径标注，可以在更方便的位置指定标注的原点（圆或圆弧的替代中心）。

调用折弯标注命令的方法如下。

（1）单击菜单栏"标注"→"折弯"。

（2）单击标注工具栏上图标按钮。

（3）命令行输入"Dimjogged"或"DJO"✓。

以图 5.43 为例进行折弯标注，启动命令后命令行出现以下提示：

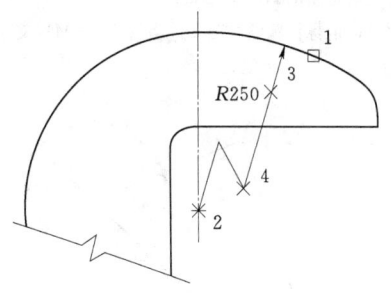

图 5.43 折弯标注

命令：_dimjogged	启动命令
选择圆弧或圆：	在 1 点拾取圆弧
指定图示中心位置：	指定 2 点作为替代中心
标注文字 = 260	
指定尺寸线位置或 [多行文字(M)/文字(T)/角度(A)]：	拾取 3 点作为尺寸线和文本位置
指定折弯位置：	拾取 4 点作为折弯位置

5.2.5.6 角度标注

角度标注命令用于对圆、圆弧、两条直线间的角度或者三点间的角度进行标注。调用角度标注命令的方法如下。

（1）单击菜单栏"标注"→"角度"。

（2）单击标注工具栏上图标按钮。

（3）命令行输入"Dimangular"或"DAN"✓。

以图 5.42 为例说明角度标注的方法，启动角度标注命令后命令行出现以下提示：

命令：_dimangular	启动角度标注命令
选择圆弧、圆、直线或 <指定顶点>：	拾取直线 1
选择第二条直线：	拾取直线 2
指定标注弧线位置或 [多行文字(M)/文字(T)/角度(A)/象限点(Q)]：	移动鼠标在适当位置指定标注弧线
标注文字 = 65	可以标注 4 各角度中的任一个

以上是标注两条直线夹角的方法，下面介绍标注圆弧角度的方法。

命令：_dimangular	回车继续角度标注命令
选择圆弧、圆、直线或 <指定顶点>：	拾取圆弧
指定标注弧线位置或 [多行文字(M)/文字(T)/角度(A)/象限点(Q)]：	移动鼠标在适当位置指定标注弧线
标注文字 = 130	得到圆心角

如图 5.44 中的 252°和 120°不能使用选择边线的方法标注，需要通过指定顶点的方法标注，操作如下：

命令：_dimangular	回车继续角度标注命令
选择圆弧、圆、直线或 <指定顶点>：	回车

指定角的顶点：<对象捕捉 开>	捕捉顶点 3
指定角的第一个端点：	捕捉角的第一个端点 4
指定角的第二个端点：	捕捉角的第一个端点 5
指定标注弧线位置或［多行文字(M)/文字(T)/角度(A)/象限点(Q)］：	移动鼠标在适当位置指定标注弧线
标注文字 = 252	

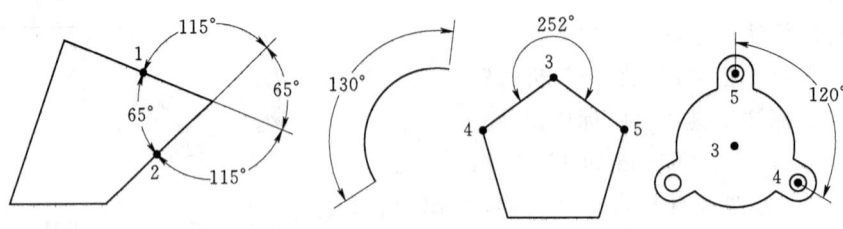

图 5.44　角度标注

5.2.5.7　基线标注和连续标注

基线标注是自同一基线处测量的多个标注。连续标注是首尾相连的多个标注。使用基线标注或连续标注不仅可以提高绘图效率，而且还可以使尺寸排列整齐。

1. 基线标注

调用角度标注命令的方法如下。

（1）单击菜单栏"标注"→"基线"。

（2）单击标注工具栏上图标按钮 。

（3）命令行输入"Dimbaseline"或"DBA"↙。

基线标注的一组尺寸具有同一尺寸基准，各基线标注的第一延伸线重合于基准处。以图 5.45（a）为例说明基线标注的方法，操作如下：

命令：_dimlinear	用线性标注命令标注基准尺寸
指定第一条延伸线原点或＜选择对象＞：	捕捉端点 1
指定第二条延伸线原点：	捕捉端点 2
指定尺寸线位置或 ［多行文字(M)/文字(T)/角度(A)/水平(H)/垂直(V)/旋转(R)］：	移动鼠标在适当位置指定标注弧线
标注文字 = 1300	
命令：_dimbaseline	调用基线标准命令
指定第二条延伸线原点或［放弃(U)/选择(S)］＜选择＞：	捕捉端点 3
标注文字 = 2300	
指定第二条延伸线原点或［放弃(U)/选择(S)］＜选择＞：	捕捉端点 4
标注文字 = 4600	
指定第二条延伸线原点或［放弃(U)/选择(S)］＜选择＞：	捕捉端点 5
标注文字 = 5800	
指定第二条延伸线原点或［放弃(U)/选择(S)］＜选择＞：	捕捉端点 6
标注文字 = 6900	
指定第二条延伸线原点或［放弃(U)/选择(S)］＜选择＞：	回车结束命令

2. 连续标注

下面以图 5.46（b）为例说明连续标注的方法，操作如下：

学习单元 5.2 尺 寸 标 注

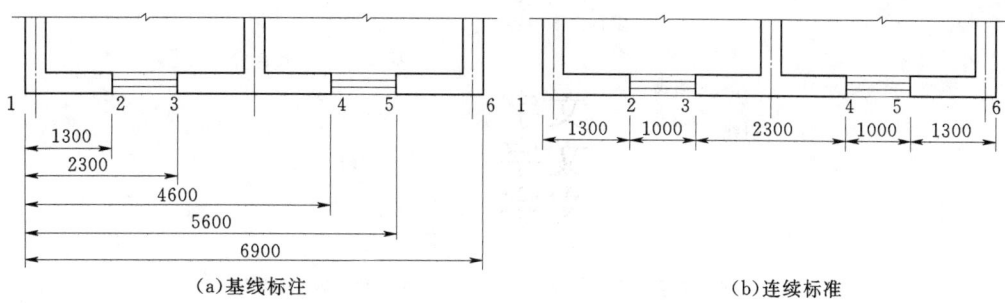

(a)基线标注　　　　　　　　　　　　　　(b)连续标准

图 5.45　基线标注和连续标注

命令：_dimlinear	用线性标注命令标注基准尺寸
指定第一条延伸线原点或＜选择对象＞：	捕捉端点 1
指定第二条延伸线原点：	捕捉端点 2
指定尺寸线位置或	
[多行文字(M)/文字(T)/角度(A)/水平(H)/垂直(V)/旋转(R)]：	移动鼠标在适当位置指定标注弧线
标注文字 ＝ 1300	
命令：_dimcontinue	
指定第二条延伸线原点或[放弃(U)/选择(S)]＜选择＞：	捕捉端点 3
标注文字 ＝ 1000	
指定第二条延伸线原点或[放弃(U)/选择(S)]＜选择＞：	捕捉端点 4
标注文字 ＝ 2300	
指定第二条延伸线原点或[放弃(U)/选择(S)]＜选择＞：	捕捉端点 5
标注文字 ＝ 1000	
指定第二条延伸线原点或[放弃(U)/选择(S)]＜选择＞：	捕捉端点 6
标注文字 ＝ 1300	
指定第二条延伸线原点或[放弃(U)/选择(S)]＜选择＞：	回车结束命令

注意：在进行基线标注和连续标准之前，必须要先创建一个线性、角度或坐标标注作为基准标注。

5.2.5.8　多重引线标注

引线是一条直线或样条曲线，其中一端带有箭头，另一端带有多行文字对象或块，一条短水平线（又称为基线）将文字或块连接到引线上，如图 5.46 所示。

多重引线用来对图形对象进行注释，多重引线对象可以包含多条引线，每条引线可以包含一条或多条线段，因此，一条说明可以指向图形中的多个对象。

调用多重引线标注命令的方法如下。

(1) 单击菜单栏"标注"→"多重引线"。

(2) 单击多重引线工具栏上图标按钮。

(3) 命令行输入"Mleader"或"DLD"✓。

执行命令后，命令行出现以下提示：

命令：_mleader
指定引线箭头的位置或[引线基线优先(L)/内容优先(C)/选项(O)]＜选项＞：指定引线箭头的位置
指定引线基线的位置：指定引线基线的位置后,打开多行文字输入窗口,输入注释内容即可

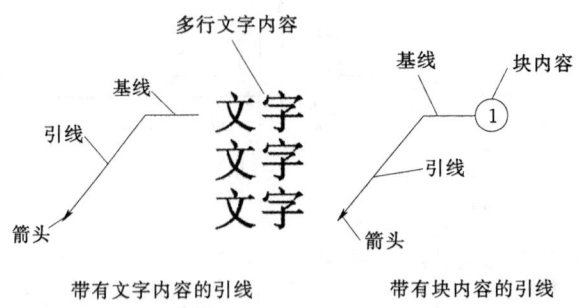

图 5.46 引线组成与引线标注

单击多重引线工具栏（图 5.47）中的各按钮，可以实现添加引线、删除引线、多重引线对齐、多重引线合并等功能。

图 5.47 多重引线工具栏

习 题

1. 简答题

（1）利用"文字样式"对话框可设置文字的哪些特性？

（2）不规则字符采用什么方法输入？

（3）工程图中的尺寸标注大多由哪几部分组成？

（4）尺寸"标注样式管理器"对话框具有什么作用？

2. 实训题

（1）绘制如图 5.48 所示标题栏并注写文字。

（2）绘制如图 5.49 并标注尺寸。

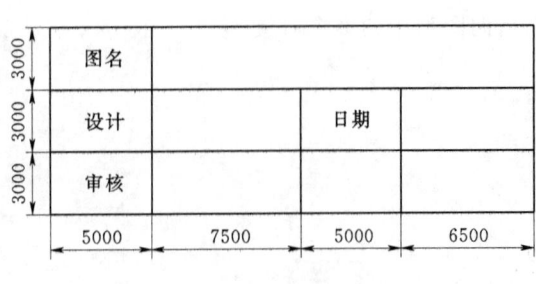

图 5.48 标题栏

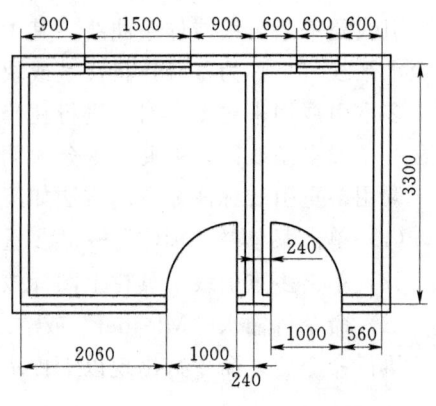

图 5.49 尺寸标注（1）

（3）标注如图 5.50 所示的尺寸。

习　题

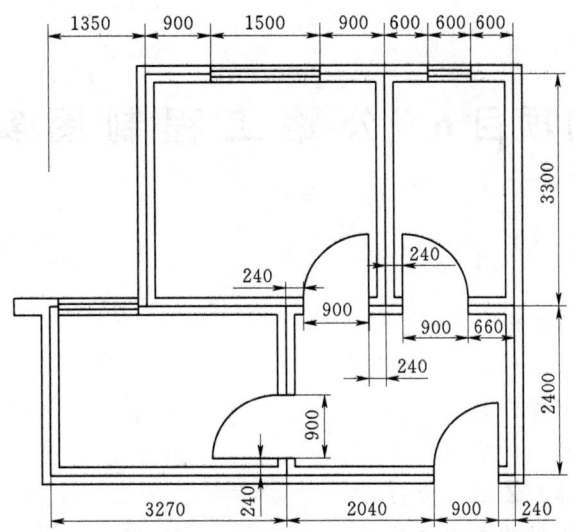

图 5.50　尺寸标注（2）

（4）绘制如图 5.51 并标注尺寸。

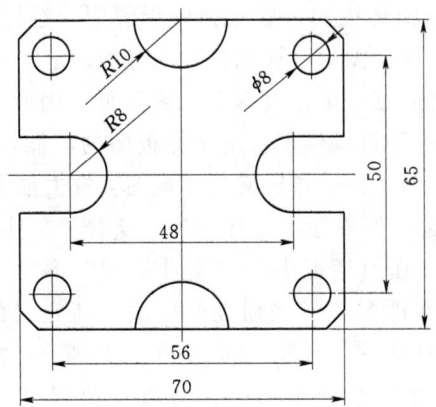

图 5.51　尺寸标注（3）

学习项目6 公路工程制图实例

学习目标：
- 熟悉 AutoCAD 绘图的一般程序。
- 掌握路线平面、纵断面图的绘制。
- 掌握道路横断面图的绘制。
- 掌握路面结构图的绘制。
- 掌握桥梁总体布置图的绘制。
- 掌握桥梁构件结构图的绘制。
- 掌握不同类型路桥工程图的绘制。

使用 AutoCAD 绘图的一般程序。

(1) 设置绘图环境。绘图环境的设置包括图形界限、绘图单位、图层、对象捕捉方式、尺寸标注样式、文字样式、图框、标题栏等内容的设定。如果每次绘图前都要进行这些内容的设定，则显得有些麻烦，工作效率会大大降低，因此在开始绘制一个新图形时，都要使用一个样板图，AutoCAD 提供了自定义样板图的功能，因此只要事先定义了样板图，则每次开始绘制新图形时，使用自定义的样板图会省去很多重复工作。

自定义样板图的方法是：设置好绘图环境后，选择"文件"→"另存为"命令，弹出"图形另存为"对话框，在对话框中的"文件类型"下拉列表中选择"AutoCAD 图形样板（*.dwt）"，在"文件名"下拉列表框中输入所定义的样板图的名称，如 A3，单击"确定"按钮，关闭对话框，就会生成一个文件名为"A3.dwt"的绘图样本文件，当需要使用这个样板文件绘制图形时，可以在执行"新建"文件命令后在"选择样板"对话框中选择这个样板文件，单击"打开"按钮，即可调取该样板文件绘制图形对象。

(2) 绘制图形对象。在进行工程图样的绘制时，一般应先绘制辅助线（可单独在一个图层中绘制，该图层可设置为不打印），用来确定尺寸的基准位置。绘制图形的过程中，应根据对象的类别和性质切换不同的图层，便于以后对图层的管理。绘图过程中应充分发挥 AutoCAD 绘图命令、编辑功能和精确绘图工具的优势，尽可能地提高绘图效率。

(3) 标注尺寸。对图样进行尺寸标注和必要的文字说明，标注过程中应遵循国家制图标准的要求和图形的用途。

(4) 修饰图形对象。该步骤包括完成图案填充、图形中的表格、填写标题栏、清理图形中多余的部分、调整图形布局等。修饰图形是一个不可忽视的步骤，在修饰图形的过程中可以发现问题并能及时修改。

学习单元6.1 道路工程制图

学习单元6.1 道路工程制图

6.1.1 路线平面图的绘制

路线平面图是指将道路中线及沿线地貌、地物在水平面上进行投影所得到的视图。其作用是表达路线的方位、平面线型、沿路线两侧一定范围内的地形、地物情况和结构物的平面位置。

道路的平面线形由直线和曲线构成,曲线设置在路线的转折处,称为平曲线,平曲线最主要的是圆曲线和缓和曲线。

1. 圆曲线的绘制

已知曲线要素的圆曲线的绘制方法很多,但最为快捷的方法是"相切、相切、半径"绘圆法。

如图6.1所示,路线导线共有四个点,这四个点的相关数据如下:

$JD0$:$X=48.3423$,$Y=109.5000$

$JD1$:$X=178.2461$,$Y=184.5000$,$\alpha_1=40°$,$JD0 \sim JD1=150$

$JD2$:$X=375.2077$,$Y=149.7704$,$\alpha_2=30°$,$JD0 \sim JD1=150$

$JD3$:$X=469.1770$,$Y=183.9724$,$JD2 \sim JD3=100$

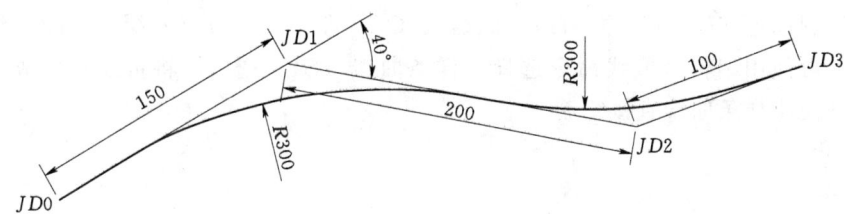

图6.1 圆曲线绘制实例

根据上述数据,绘制圆曲线过程如下。

(1)利用直线或多段线命令,根据交角点$JD0$、$JD1$、$JD2$、$JD3$处的坐标值绘制如图6.2所示导线。

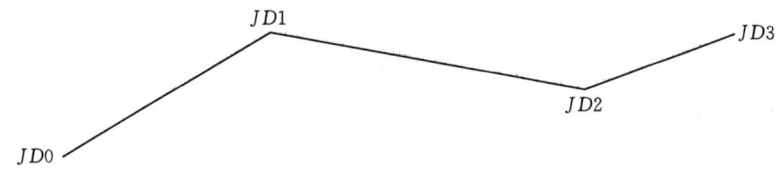

图6.2 绘制路线导线

(2)绘制圆曲线,通过设计已知$JD1$、$JD2$处圆曲线的半径均为300,执行圆绘制命令,操作如下。

命令:_circle
指定圆的圆心或[三点(3P)/两点(2P)/切点、切点、半径(T)]:t　　输入选项t

指定对象与圆的第一个切点：	鼠标拾取线段 JD0~JD1
指定对象与圆的第二个切点：	鼠标拾取线段 JD1~JD2
指定圆的半径：300	输入直径值 300
命令：_circle	
指定圆的圆心或 [三点(3P)/两点(2P)/切点、切点、半径(T)]：t	重复圆绘制命令,输入选项 t
指定对象与圆的第一个切点：	鼠标拾取线段 JD1~JD2
指定对象与圆的第二个切点：	鼠标拾取线段 JD2~JD3
指定圆的半径 <300.0000>：	回车取默认值

（3）使用修剪命令将圆曲线多余部分减掉，其余部分用直线连接，所得结果如图6.3所示。

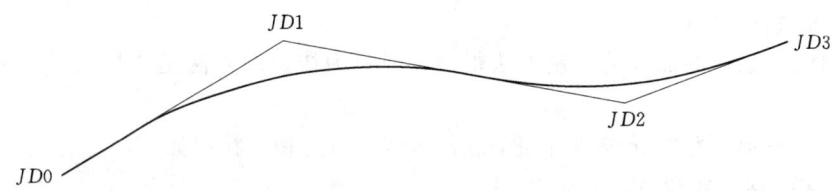

图 6.3 使用"切点、切点、半径"法绘制圆曲线

2. 缓和曲线的绘制

常用的缓和曲线绘制方法主要有以下两种。第一种方法，在 AutoCAD 中可以使用多段线命令绘制通过 ZH（直缓）、HY（圆缓）、QZ（曲中）、YH（圆缓）、HZ（缓直）五点的折线，再使用编辑多段线命令选择"样条曲线（S）"选项，将折线转换成曲线。第二种方法是使用样条曲线直接绘制。

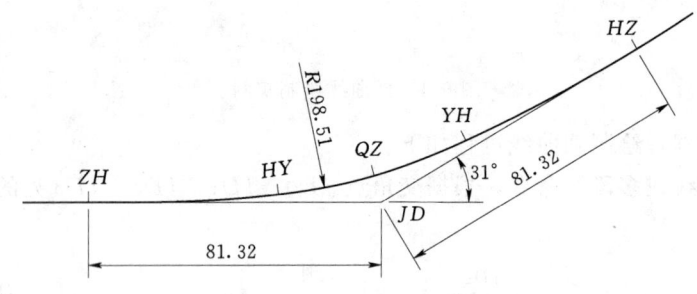

图 6.4 缓和曲线绘制实例

已知如图6.4所示公路平曲线，各点数据如下。

A 点：$X=213.7748$，$Y=92.1117$
B 点：$X=313.7748$，$Y=92.1117$
C 点：$X=399.6787$，$Y=143.3026$

绘制过程如下。

（1）绘制路线导线，根据坐标值，利用直线命令或多段线命令绘制线段 AB、BC。如图6.5（a）所示。

（2）绘制通过 ZH、HY、QZ、YH、HZ 五点，与路线导线相切的含缓和曲线的平曲线。通过计算这五个点的直角坐标如下。

ZH：$X=232.4548$，$Y=92.1117$

HY：$X=285.3608$，$Y=94.4667$

QZ：$X=311.8101$，$Y=99.2371$

YH：$X=336.9780$，$Y=108.6801$

HZ：$X=383.6319$，$Y=133.7401$

先用绘制点命令在屏幕上绘制出这五个点，再利用样条曲线命令绘制缓和曲线，操作如下：

命令：_spline
指定第一个点或[对象(O)]：　　　　　　　　拾取 ZH 点
指定下一点：　　　　　　　　　　　　　　拾取 HY 点
指定下一点或[闭合(C)/拟合公差(F)]<起点切向>：　拾取 QZ 点
指定下一点或[闭合(C)/拟合公差(F)]<起点切向>：　拾取 YH 点
指定下一点或[闭合(C)/拟合公差(F)]<起点切向>：　拾取 HZ 点
指定下一点或[闭合(C)/拟合公差(F)]<起点切向>：　回车结束点
指定起点切向：　　　　　　　　　　　　　拾取 ZH 点,指定切向
指定端点切向：　　　　　　　　　　　　　拾取 HZ 点,指定切向

绘制结果如图 6.5（b）所示。

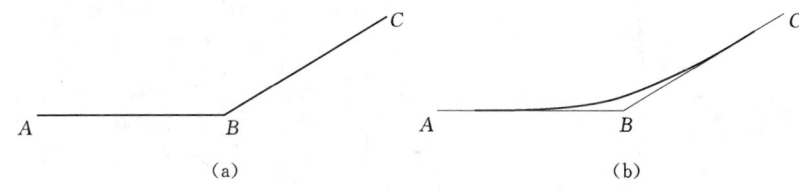

图 6.5　缓和曲线的绘制

6.1.2　路线纵断面图的绘制

假想用铅垂剖切面沿道路中心线进行剖切，用展开剖面法将剖得的断面展开成一平面，即为路线的纵断面图，用以表达路线中心纵向线形以及沿地面起伏状况、地质和沿线设置构造物情况。

路线纵断面图分图样部分和资料表两个部分，如图 6.6 所示，其绘制步骤如下。

(1) 绘制图框、标题栏或直接调取已经创建好的样板文件。

(2) 绘制并填写纵断面图标题栏。

(3) 绘制标尺和纵断面图坐标网格。

(4) 绘制纵断面图地面线。地面线按照资料表中地面高程进行点绘。

(5) 绘制纵断面图设计线。设计线按照资料表部分设计高程进行点绘。

(6) 绘制竖曲线及其标注。竖曲线可采用圆弧命令绘制，依次指定圆弧上的三点（竖曲线起点、变坡点、竖曲线终点）进行绘制。

(7) 标注水准点、桥涵构筑物等。在绘制沿线地物时一定要按照《道路工程制图标准》(GB 50162—1992) 中的地物图例进行绘制。

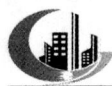

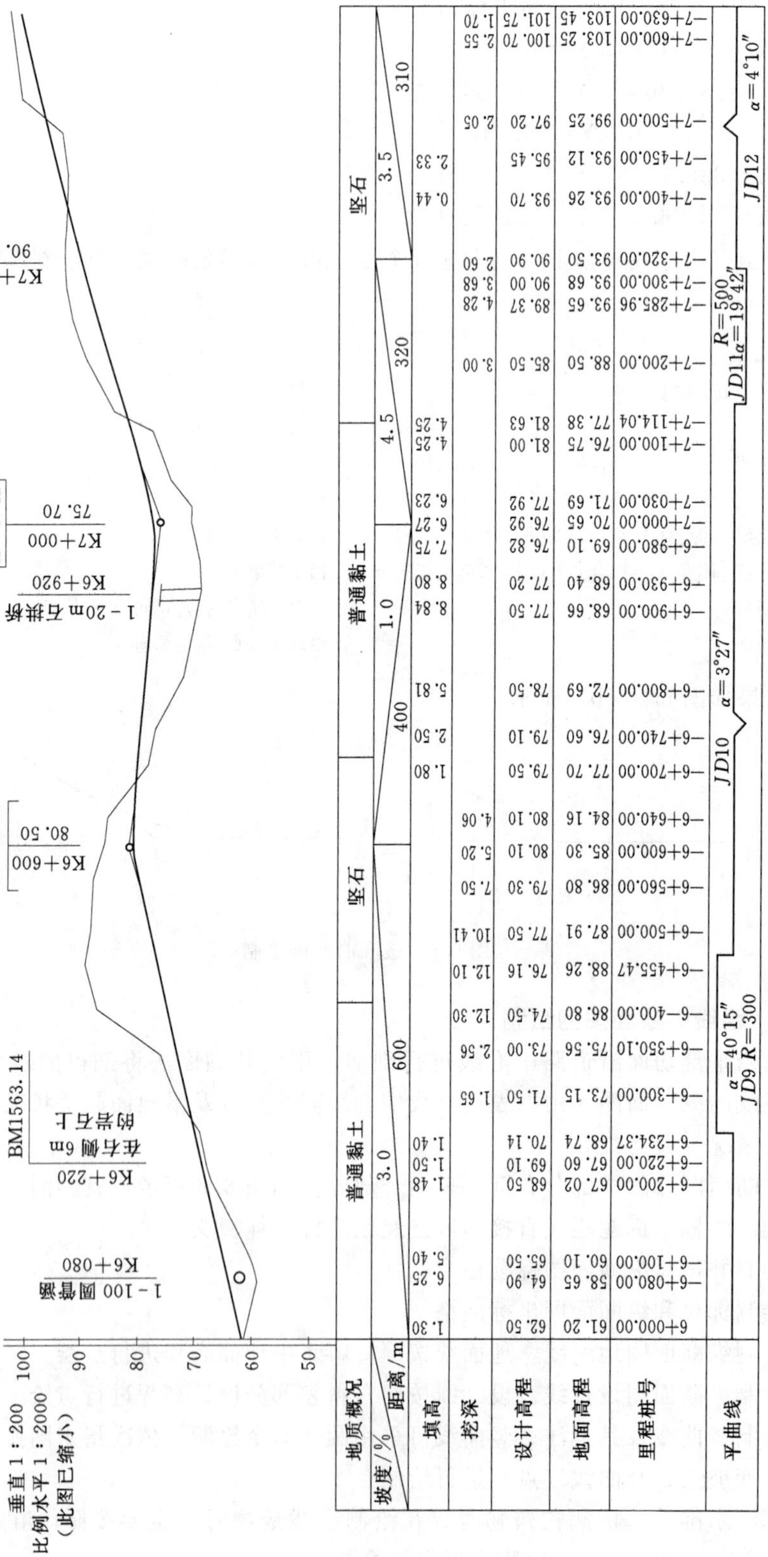

垂直 1∶200
比例水平 1∶2000
(此图已缩小)
1-100 圆管涵
K6+080
K6+220
在右侧 6m 的岩石上
BM1563.14
R=2000
T=40
E=0.40
K6+600
80.50
1-20m 石拱桥
K6+920
R=3000
T=50
E=0.42
K7+000
75.70
K7+320
90.90
地质概况
坡度/%
距离/m
填高
挖深
设计高程
地面高程
里程桩号
平曲线
普通黏土
竖石
3.0
600
400
1.0
4.5
320
3.5
310
JD9 R=300
α=40°15″
JD10
α=3°27″
JD11 α=19°42″
R=500
JD12
α=4°10″

图 6.6　路线纵断面图

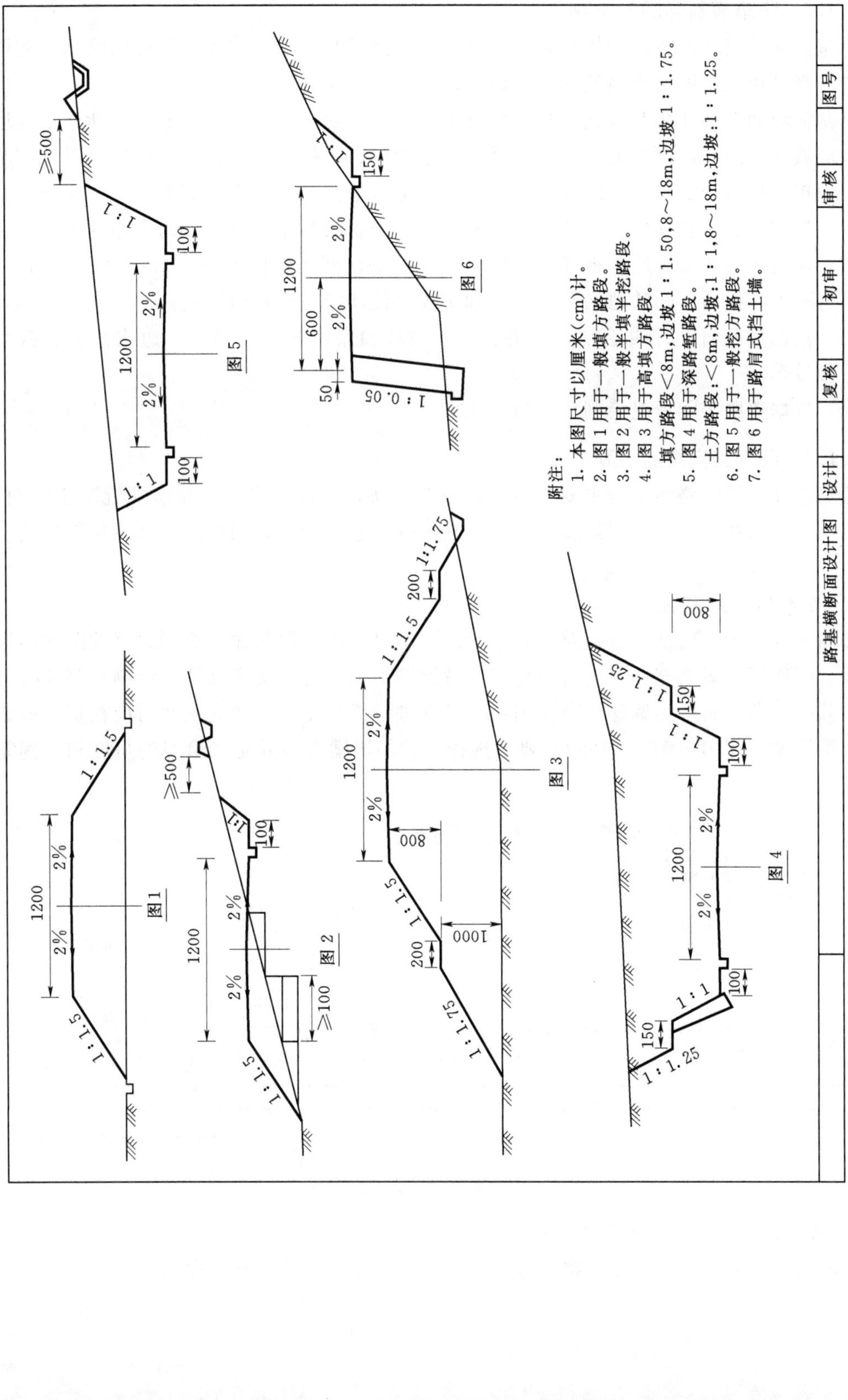
图 1
图 2
图 3
图 4
图 5
图 6
附注：
1. 本图尺寸以厘米(cm)计。
2. 图 1 用于一般填方路段。
3. 图 2 用于一般半填半挖路段。
4. 图 3 用于高填方路段。
填方路段<8m,边坡 1：1.50,8～18m,边坡 1：1.75。
5. 图 4 用于深路堑路段。
土方路段：<8m,边坡:1：1,8～18m,边坡:1：1.25。
6. 图 5 用于一般挖方路段。
7. 图 6 用于路肩式挡土墙。
路基横断面设计图
设计
复核
初审
审核
图号

图 6.7　路基横断面一般设计图

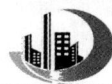

(8) 填写纵断面图测设数据表。填写时可先填一行，采用复制命令将该内容复制到其他行，然后使用 Ddedit 命令或双击选择要修改的内容，这样修改方便，同时便于对齐。

6.1.3 路基横断面图的绘制

路基是支撑路面的土工构筑物。在挖方地段，路基是开挖天然地层形成的路堑；在填方地段，则是用压实的土石填筑而成的路堤。

路基横断面图的作用是表达各里程桩处道路标准横断面与地形的关系，包括路基的形式、边坡坡度、路基顶面高程、排水设施的布置情况、防护加固工程的设计情况以及该断面上的填挖工程量等。路基横断面设计图如图 6.7 所示，其绘制步骤如下。

(1) 确定公路中桩的位置。使用直线命令用点划线绘制路基横断面的中心轴线。

(2) 使用多段线命令绘制地面线和设计线。路基横断面图的顺序沿着桩号从下到上，从左至右画出，横断面图的地面线一律画细实线，设计线一律画粗实线。

(3) 根据横断面设计线绘制行车道、路拱横坡和路肩横坡、路肩、边沟边坡、截水沟、护坡道等。

(4) 根据道路实际情况绘制后进行标注。

6.1.4 路面结构图的绘制

公路设计所用的路面结构主要有两类，一类是沥青路面，另一类是水泥混凝土路面。下面以沥青路面结构图和水泥混凝土路面的施工缝构造图为例说明公路路面结构图的绘制方法。

1. 沥青路面结构图

如图 6.8 所示，机动车道及路缘石结构图，可以采用多段线命令绘制封闭的路面结构分割线，再使用图案填充命令进行填充，最后绘制引线并完成文字标注。绘制分割线时可先绘制其中一条，然后用偏移命令根据各层厚度进行偏移复制。填充图案时应根据《道路工程制图标准》(GB 50162—1992) 要求选择合适的图案类型并定义恰当的角度和比例完成填充。

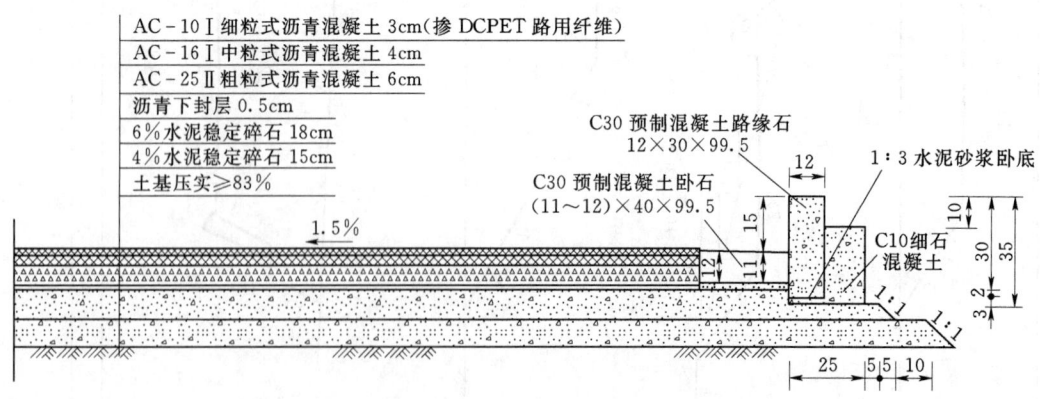

图 6.8 机动车道及路缘石结构图

2. 水泥混凝土路面伸缩缝构造图

如图 6.9 所示为水泥混凝土路面伸缩缝与拉杆大样图，其绘制过程如下。

(1) 使用直线命令绘制水泥混凝土路面的上下界线及填缝料。路面的上下界限使用粗实线绘制，由于道路较宽，为了将路面结构表达清楚，绘制时使用折断画法，折断线使用细实线绘制。

(2) 根据拉杆位置使用圆命令绘制拉杆横截面，使用直线命令绘制传力杆并对传力杆进行填充。

(3) 按照《道路工程制图标准》(GB 50162—1992) 要求选择合适的图案类型并定义恰当的角度和比例进行填充。

(4) 在预先设置好的"标注样式"中选择需要的样式进行尺寸标注，并用引线完成文字标注。

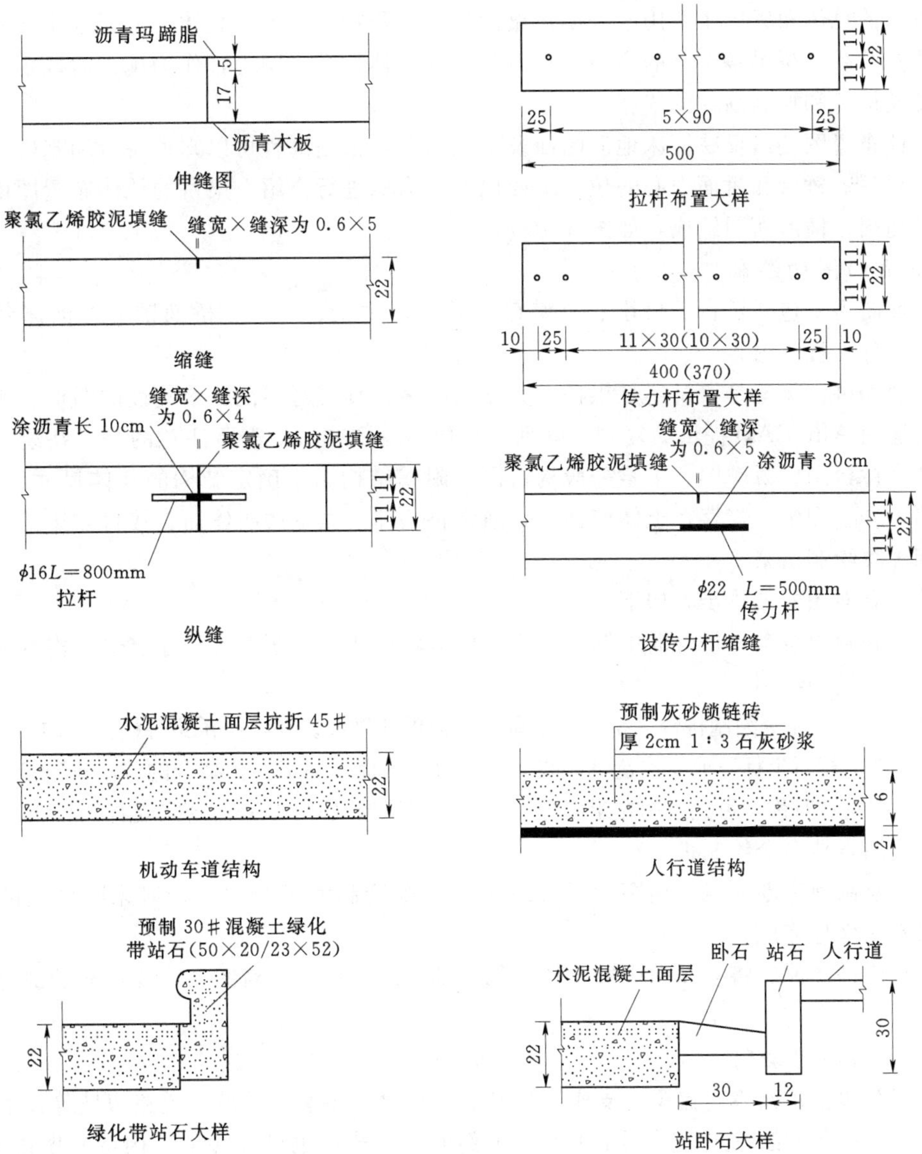

图 6.9 道路伸缩缝及拉杆大样图（注：本图尺寸除钢筋以 mm 计外，其余均以 cm 计）

学习单元6.2 桥梁工程制图

概括地说,桥梁由四个基本部分构成,即上部结构、下部结构、支座和附属设施。上部结构是在路线中断时跨越障碍的主要承重结构,是桥梁支座以上跨越桥孔的总称;下部结构主要指桥墩、桥台和基础。

桥梁的施工图主要包括桥位平面图、桥位工程地质图、桥梁总体布置图和桥梁构件结构图。本单位主要介绍桥梁总体布置图和构件结构图的绘制方法与步骤。

6.2.1 桥梁总体布置图的绘制

桥梁的总体布置图主要用于表明桥梁的形式、跨径、孔数、总体尺寸、各主要构件的相互位置关系、桥梁各部分的高程、材料数量及总体技术说明等,作为施工时确定墩台位置、安装构件和控制高程的依据。

总体布置图还需反映河床地质断面及水文情况,根据高程可以知道桥台和基础的位置深度、梁底、桥台和桥面中心的位。下面以梁桥为例进行介绍,梁桥的总体布置图由立面图、平面图、横断面图组成,如图 6.10 所示。

1. 立面图的绘制

立面图主要包括桥台、桥墩、桩基础、盖梁、主梁、护栏、桥面铺装、河床断面形状、各部分高程等内容。

一般来讲,无论是梁桥还是拱桥,其立面图多为具有对称性、重复性的图形,所以绘图时可运用 AutoCAD 提供的复制、阵列、镜像等绘图方法。需要注意的是,在绘图过程中应结合桥台图、桥墩图、主梁一般构造图、附属结构图来确定结构的具体尺寸。另外,在道路工程制图中,当存在土体遮挡时,通常将土体看做是透明体而直接将被遮挡的结构部分用虚线绘制出来。

绘制立面图的具体步骤如下。

(1) 先画出桥墩和桥台的中轴线,主要构造辅助线,以便进行尺寸定位。构造辅助线宜在单独图层中绘制。

(2) 用直线命令绘制桥台、桥墩、基础、主梁的轮廓线。在参照桥梁各构件结构图的情况下,可使用"相对坐标"或"构造辅助线"与"对象捕捉"等工具相结合的方法进行绘制。由于图形结构左右对称,可先绘制左半部分,然后使用镜像(Mirror)命令完成右半部分的绘制。

(3) 用直线命令绘制护栏。

(4) 绘制河床断面线。用多段线(Pline)命令绘制河床断面线。河床断面线的绘制应根据实测坐标完成。

(5) 修饰图形。将立面图中被土体遮挡的部分改为虚线,对图中需要填充的部分进行填充。

2. 平面图的绘制

平面图包括桥面系、盖梁、支座、桩基础、桥台、桥墩、锥坡、道路边坡等在平面上的投影。平面图的绘制可以采用半平面、半剖面的方式,也可以将上部构造看做透明体,将下部构造用虚线表达在同一位置,具体绘制过程如下。

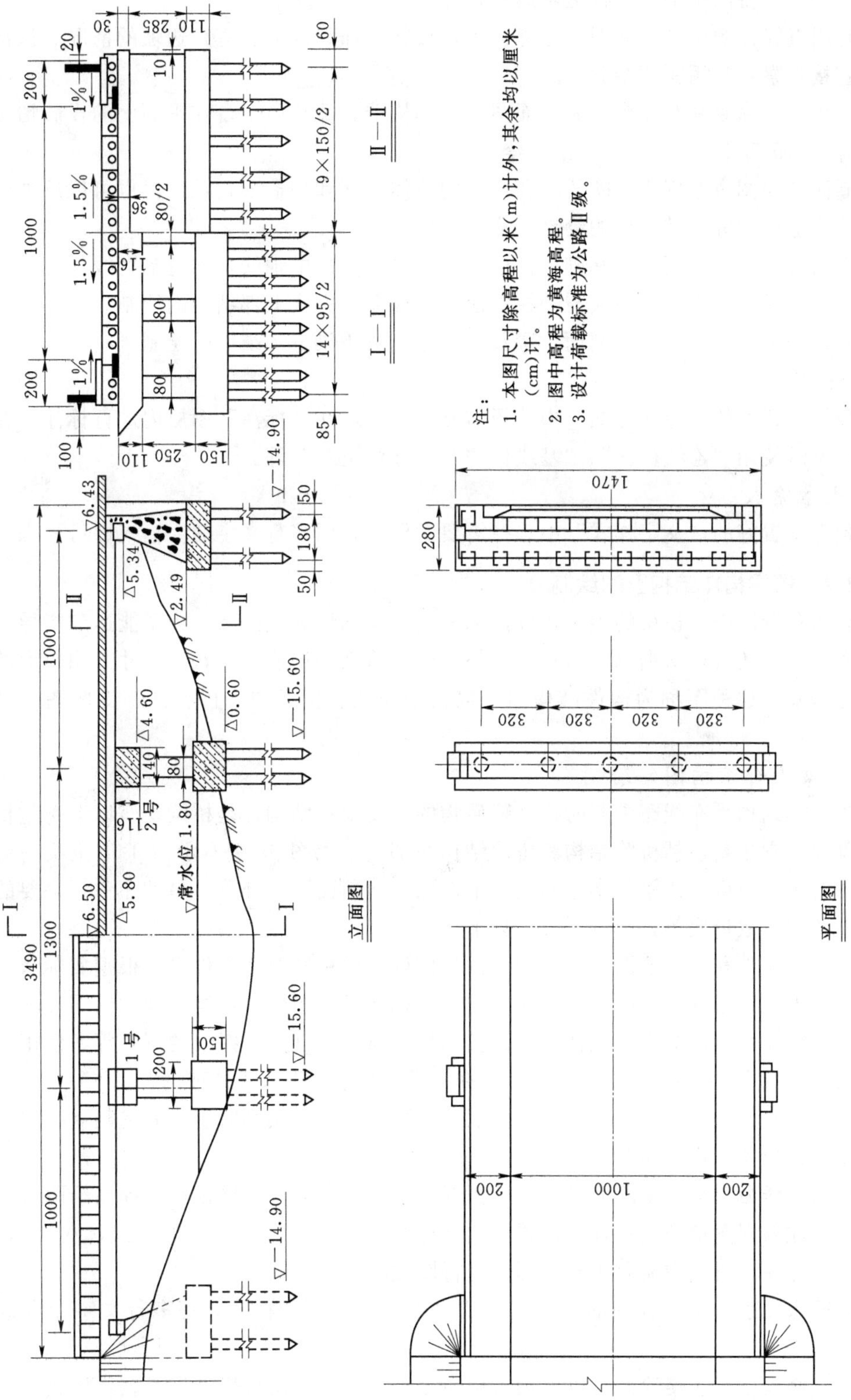

学习单元 6.2 桥梁工程制图

注:
1. 本图尺寸除高程以米(m)计外,其余均以厘米(cm)计。
2. 图中高程为黄海高程。
3. 设计荷载标准为公路Ⅱ级。

图 6.10 桥梁总体布置图

(1)绘制全桥的中轴线和构造辅助线。

(2)用直线命令绘制平面图的上部构造,反映桥面、锥坡、道路边坡的情况。该部分因可以直接观察,故用实线绘制。

(3)用直线命令和圆命令绘制平面图的下部构造,反映墩、台在平面上的投影情况。

3.横断面图Ⅰ—Ⅰ、Ⅱ—Ⅱ的绘制

横断面剖面图主要用于反映桥墩和桥台的总体尺寸和构造形式,同时也可以反映出桥面梁板的构造形式等,其具体的绘制步骤如下。

(1)用直线命令绘制桥墩基础、桩柱、盖梁及桩柱的中轴线,构造辅助线。

(2)用直线命令绘制桥面板与护栏,使用镜像命令完成上部结构的绘制。

(3)根据Ⅰ—Ⅰ、Ⅱ—Ⅱ剖面位置及其特点完成桥梁下部结构的绘制。

4.标注

在预先设置好的"标注样式"中选择需要的样式,在"标注"图层内进行标注。在标注时可以灵活使用"连续标注"、"基线标注"、"标注更新"等。

5.文字输入

从预先设置好的"文字样式"中选择需要的样式,用多行文字命令输入即可。

6.2.2 桥梁构件结构图的绘制

在总体布置图中,桥梁的很多构件都无法完整详细地表达出来,为了能达到指导制作和施工的目的,还必须根据总体布置图将桥梁的一些细部构造的形状、尺寸采用较大的比例尺表达出来,这种图称为构件结构图,包括梁板图、桥墩图、桥台图、支座图、栏杆图等。

1.桥梁上部结构图的绘制

桥梁上部结构是在线路中断时跨越障碍物的主要承重结构,是桥梁支座以上跨越桥孔的结构总称。它主要包括桥跨结构和桥面结构两部分。如图6.11所示为T形主梁一般构造图,主要包括内梁和边梁的半立面图、平面图、横断面图三部分,另外还包括必要的文字说明以及材料数量表等,其绘制过程如下。

(1)新建文件和设置绘图环境。利用预先做好的样板图新建文件,并根据实际情况进行绘图界限更改,添加图层、图块、文字样式、标注样式等内容,建立新的绘图环境。

(2)绘制立面图。立面图包括梁肋、横隔板、翼板、理论支撑线的位置等。使用直线命令绘制T形主梁主要轮廓,注意视图中的不可见部分使用虚线处理。

(3)绘制平面图。平面图的组成和画法与立面图类似,绘制时应充分利用立面图与平面图之间的投影关系进行绘制。

(4)用直线命令绘制横断面图。横断面图绘制时,可以使用镜像命令提高绘图效率。

(5)标注与图案填充。在预先设置好的"标注样式"中选择需要的样式,在"标注"图层内进行标注。对图中需要填充的部分进行图案填充。

(6)输入文字。从设置好的"文字样式"中选择需要的样式,用多行文字命令输入即可。

(7)绘制表格。表格绘制可以使用表格命令完成,使用前可以先设置表格样式。

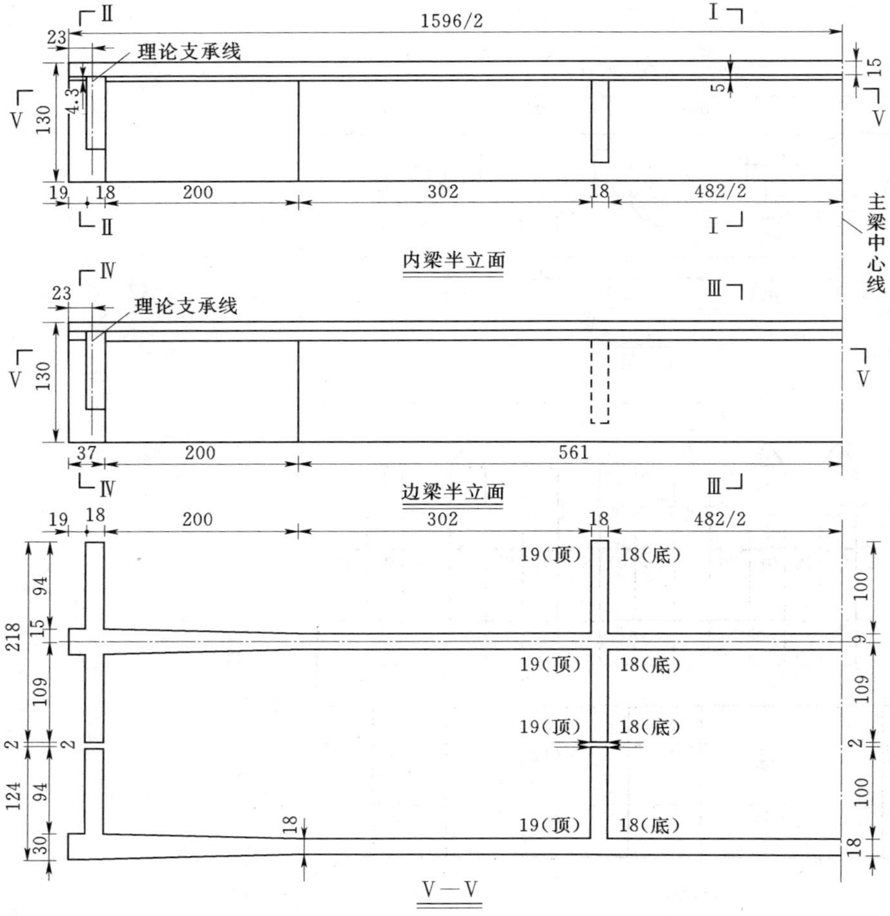

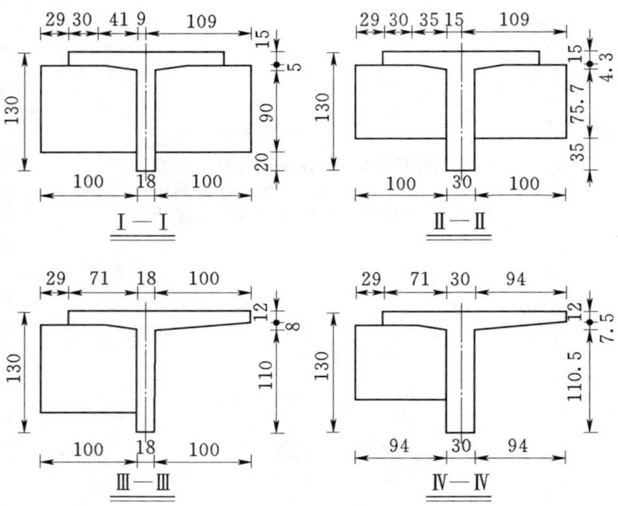

一片梁混凝土数量表

梁类	混凝土数量/m³		吊重/t
	预制	现浇	
内梁	9.03	1.44	22.58
边梁	9.10	0.72	22.75

注：
1. 本图尺寸均以厘米(cm)计。
2. 表中现浇混凝土是湿接缝处混凝土。
3. 注意预埋路缘石及伸缩缝处的预埋件。
4. 吊孔设在距梁端 1.5m 范围内且靠近腹板处，翼缘板上注意留穿索孔。

图 6.11　T 形主梁一般构造图

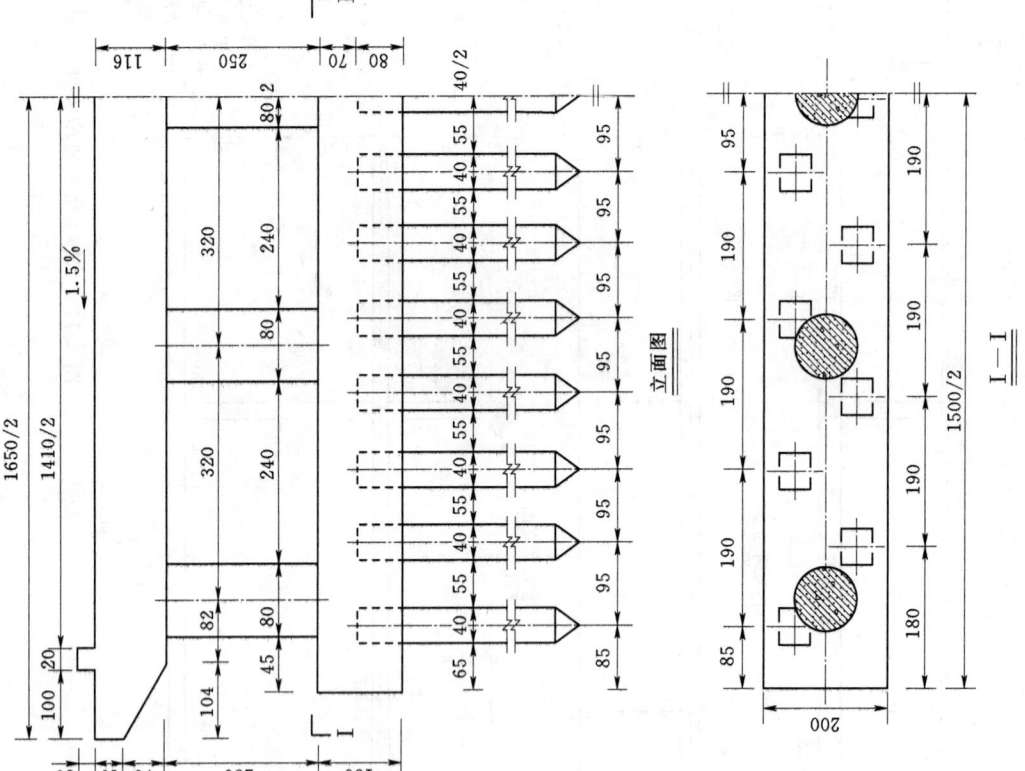

图 6.12 桥墩构造图

2. 桥梁下部结构图的绘制

桥梁下部结构包括桥墩、桥台和基础。

（1）桥墩构造图的绘制。桥墩是支撑上部结构并将其传来的荷载再传至地基上，且设置在桥梁中间位置的结构物。桥墩构造图包括立面图、平面图和侧面图三部分。某桥墩构造图如图 6.12 所示。绘制桥墩构造图，首先也是利用预先做好的样板图新建文件，并根据实际情况建立新的绘图环境，然后按以下步骤绘制。

1）绘制立面图。立面图包括盖梁、桩柱、钻孔桩、挡块。由于钻孔桩的长度较大可以使用折断线来表达桩长，但必须在桩底和桩顶加注高程。绘图时先绘制桩柱、钻孔桩及盖梁中心线和构造辅助线，然后绘制盖梁、立柱、承台、钻孔桩的轮廓线。可以使用复制、镜像、偏移等命令来提高绘图的效率。

2）绘制平面图。平面图包括盖梁、立柱、钻孔桩、挡块等。绘图时先绘制桩柱和支座中心线，然后用直线、圆命令绘制盖梁、立柱、钻孔桩、挡块在平面上的投影。绘图过程中可以灵活使用复制、镜像、偏移等命令以提高绘图的速度。

3）绘制侧面图。侧面图包括盖梁、立柱、钻孔桩、挡块。绘图时先绘制桩柱和钻孔桩的中心线，用直线命令绘制立柱、盖梁板、挡块。立柱和钻孔桩可使用复制命令从立面图复制得到，绘制时一定要注意与立面图的关系。

4）尺寸标注和高程的标注。在预先设置好的"标注样式"中选择需要的样式，在"标注"图层内进行标注。

标注高程时，只需绘制一个，然后用复制命令复制创建，再用 Ddedit 命令修改文字内容即可。也可以将其定义为带属性的图块，以便后面绘制相关图形时直接调用。

5）绘制表格。表格绘制可以使用表格命令完成，使用前可以先设置表格样式。

6）输入文字。从设置好的"文字样式"中选择需要的样式，用多行文字命令输入即可。

（2）桥台构造图的绘制。桥台是支撑上部结构并将其传来的荷载再传至地基上，且设置在桥梁两端的结构物。它一方面支撑着上部桥跨，一方面支挡着桥头路基填土。桥台按其形式可划分为重力式桥台、轻型桥台、框架式桥台、组合式桥台和承拉桥台等。

绘制桥台构造图前同样应先新建文件并设置绘图环境，以图 6.13 为例，桥台构造图包括盖梁、耳墙、背墙、搭板、挡块、支座垫石、肋板、桩基础、材料数量表等，桥台绘制过程如下。

1）绘制立面图。首先绘制桩基中心线和构造辅助线，对总体进行控制。在绘图过程中要灵活运用偏移命令和复制命令来提高绘图的速度。

2）绘制平面图。绘制桩基中心线、主要控制辅助线（注意辅助线在单独图层内绘制）。绘制耳墙、盖梁、垫石、肋板、桩基础等的平面投影，在绘图时可利用立面图与平面图的投影关系，作辅助线控制绘图，也需要运用偏移命令和复制命令来提高绘图效率。

3）绘制侧面图。先绘制桩基和支座中心线，构造主要控制辅助线。绘图时可灵活运用各种编辑命令来提高绘图的速度。

4）尺寸标注和高程的标注。在预先设置好的"标注样式"中选择需要的样式，在"标注"图层内进行标注。高程的标注方法同前。

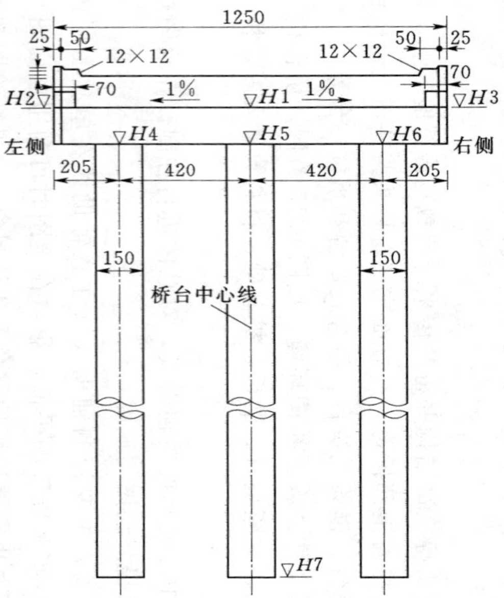

学习项目 6 公路工程制图实例

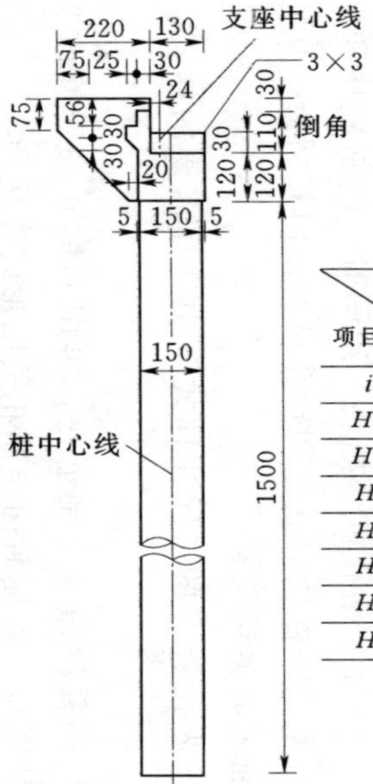

桥台标高尺寸表

位置 项目	0 号台		2 号台	
	左半幅	右半幅	左半幅	右半幅
$i(\%)$	−0.491	0.491	4.164	−4.127
$H1(m)$	980.295	980.327	980.606	980.345
$H2(m)$	980.327	980.264	980.345	979.864
$H3(m)$				
$H4(m)$	979.117	979.095	979.230	979.406
$H5(m)$	979.095	979.074	979.406	979.579
$H6(m)$				
$H7(m)$	964.095		964.406	

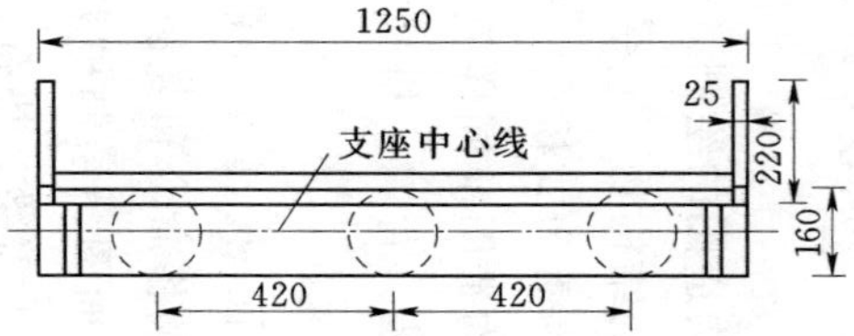

注：
1. 图中尺寸除标高以米(m)计外，余均以厘米(cm)为单位。
2. 支座及垫块位置本图未示出，另见设计详图。
3. i 值以向路基外侧为正，$H2$、$H4$ 为路线中心线左侧特征标高。
4. 本桥支座中心线处支撑总高度为 15cm，支座均采用 GYZ200×42 橡胶支座。
5. 桥台侧面桩长标注括号外 0#台适用，括号内为 2#台适用。
6. 施工时，注意预制挡边和挡块空隙间应填塞弹性橡胶材料。

K16+104.00 中桥	比例	1∶120	图号
桥台一般构造图	日期		

图 6.13　桥台一般构造图

5）材料数量表。表格的绘制方法同前述。

6）文字说明。从设置好的"文字样式"中选择需要的样式，用多行文字命令输入即可。

（3）基础构造图的绘制。基础是桥墩和桥台底部的奠基部分，承担了从桥墩和桥台传来的全部荷载，并且要保证上部结构按设计要求能产生一定的变位。

在桥墩和桥台图中，已经对桩基础进行了绘制。具体的绘制见桥墩、桥台构造图的绘制。

3. 桥梁支座一般布置图和构造图的绘制

支座位于桥梁上部结构和下部结构的连接处，桥墩的墩帽和桥台的台帽上均设有支座，梁板搁置在支座上。如图6.14所示为支座一般布置图和构造图，立面图和平面图图示出了支座在梁下面的具体位置，支座顺桥向和横桥向布置图图示出了支座在墩（台）帽上的位置，并用大样图示出了与支座相连的钢板的形状和尺寸，另有支座平面和立面图图示出了支座的详细构造。其绘制过程如下。

（1）使用直线命令绘制支座的平面图和立面图，注意两图的对应关系，灵活运用编辑命令以提高绘图效率。

（2）使用直线命令绘制支座顺桥向和横桥向布置图，两图对应并且有很多相似之处可以灵活运用捕捉、追踪、复制命令进行操作。

（3）最后绘制大样图，仍然使用直线命令，绘制时注意各部分尺寸要表述清楚。

6.2.3 桥梁钢筋布置图

用钢筋混凝土制成的板、梁、桥墩和桩等构件组成的结构物，称为钢筋混凝土结构。为了把钢筋混凝土结构表达清楚，需要画出钢筋结构图，又称钢筋布置图。钢筋结构图表示了钢筋的布置情况，是钢筋断料、加工、绑扎、焊接和检验的重要依据。一般来讲，钢筋结构图应包括钢筋布置，钢筋编号、尺寸、规格、根数，钢筋成型图和钢筋数量表及技术说明，如图6.15所示。

钢筋结构图主要是表达构件内部钢筋的布置情况，因此，在作图时把混凝土假设为透明体，结构外形轮廓画成细实线，钢筋则画成粗实线，以突出钢筋的表达。而在断面图中，钢筋被剖切后，用小黑圆点表示，钢筋重叠时可用小圆圈来表示。钢筋弯钩和净距的尺寸都比较小，画图时不能严格按比例来画，以免重叠。要考虑适当放宽尺寸，以清楚为度。

6.2.4 桥面铺装构造图

桥面铺装又称车道铺装，指的是为保护桥面板和分布车轮的集中荷载，用沥青混凝土、水泥混凝土、高分子聚合物等材料铺筑在桥面板上的保护层。在绘制桥面铺装图时注意要将桥面铺装的各结构层，如防水层、三角垫层描述清楚，同时有必要将铺装层下的梁板以及钢筋布置图绘制出来，如图6.16所示。

绘制时注意各种编辑命令的灵活运用，如图6.16所示可使用镜像命令提高绘图效率，桥面铺装的钢筋布置图可参考前述钢筋布置的绘制方法。表格绘制方法同前述。

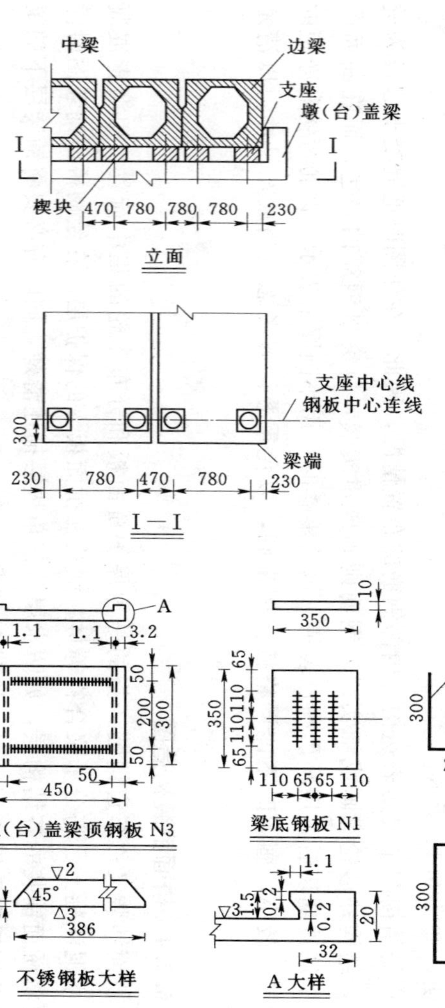

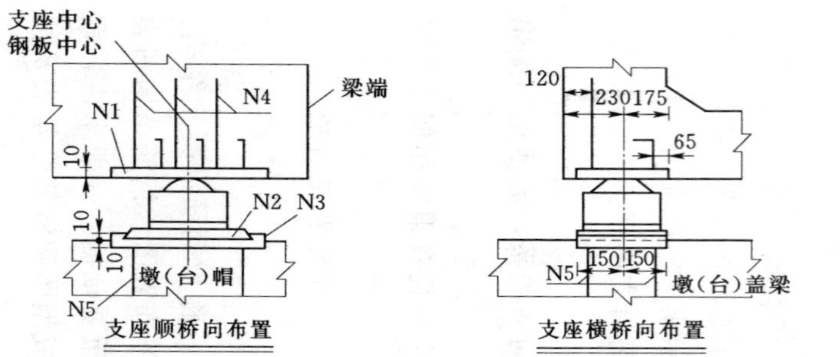

一个支座钢材明细表

编号	规格/mm	数量/件	质量/kg
1	C150×10×350	1	9.62
2	C300×3×386	1	2.73
3	C300×20×450	1	21.20
4	ϕ12	3	1.92
5	ϕ16	2	2.52

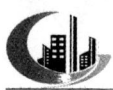

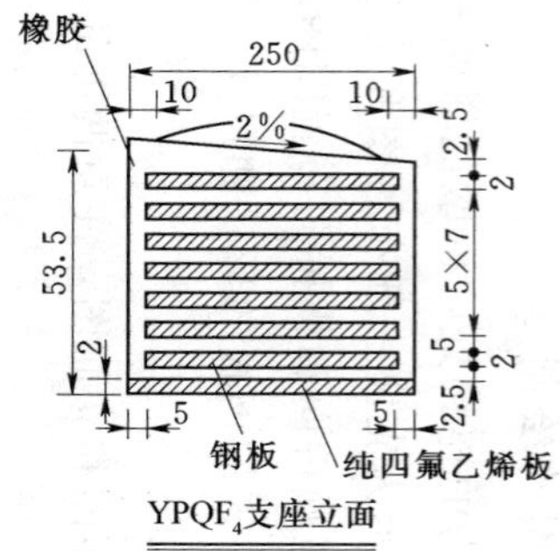

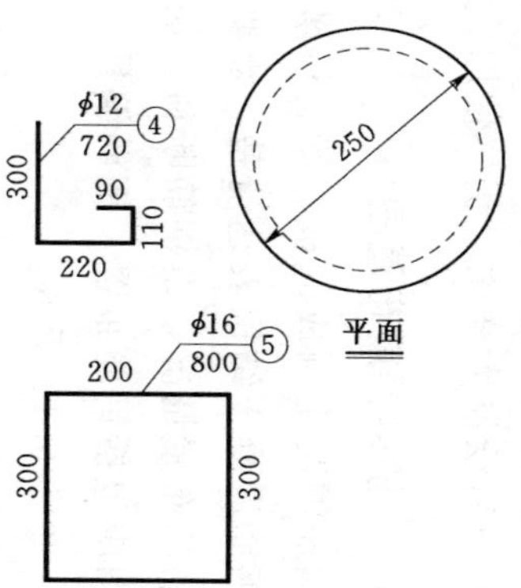

注:
1. 本图尺寸均以毫米(mm)计。
2. 桥面横坡由支座坡面及墩台帽顶楔块调整,支座要求水平放置。
3. 墩台帽顶楔块设计,详见本桥墩台帽顶楔块调整设计。
4. 支座最大坡面垂直于主梁方向设置。
5. 一个 $YPQF_4$ 支座体积为 2750.9cm^3。
6. 不锈钢板 N2 和墩(台)帽顶钢板 N3 应在主梁就位前用环氧树脂黏结,黏结前应进行除锈去油污处理,除不锈钢板 N2 外,其余的外露金属部分应作防锈处理。落梁时必须保证四氟乙烯板和不锈钢板接触面的清洁,钢板 N3 要求平整,当发生焊接变形时,应进行整形处理。
7. 梁底钢板 N1 和墩(台)盖梁顶钢板 N3 为碳素结构钢(Q235)。
8. 钢板与锚固钢筋采用双面焊,焊接长度为钢板与钢筋接触长度。

图 6.14　支座一般布置和构造图

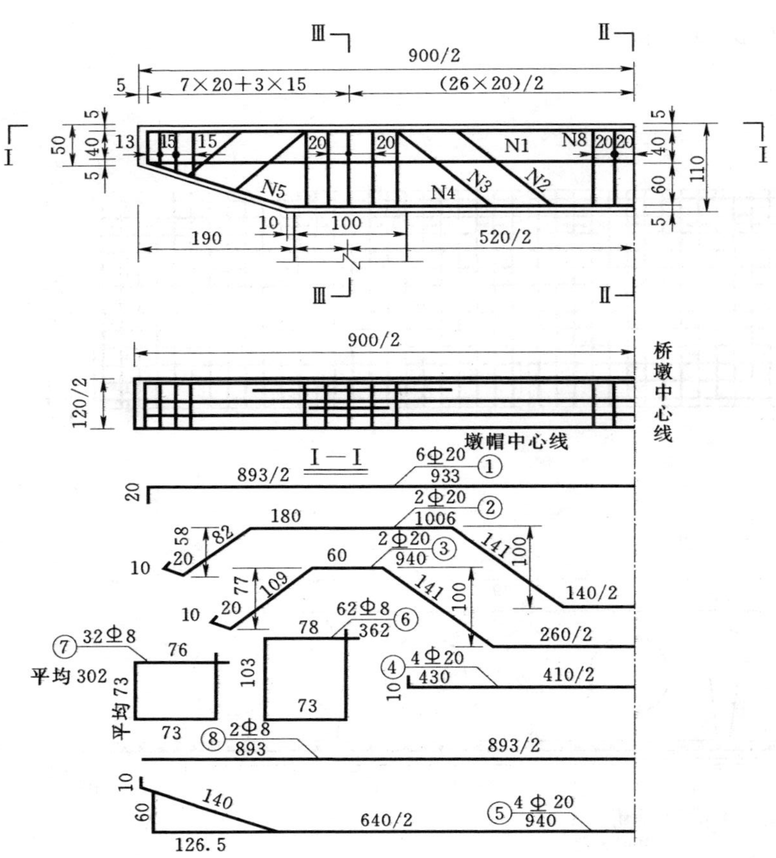

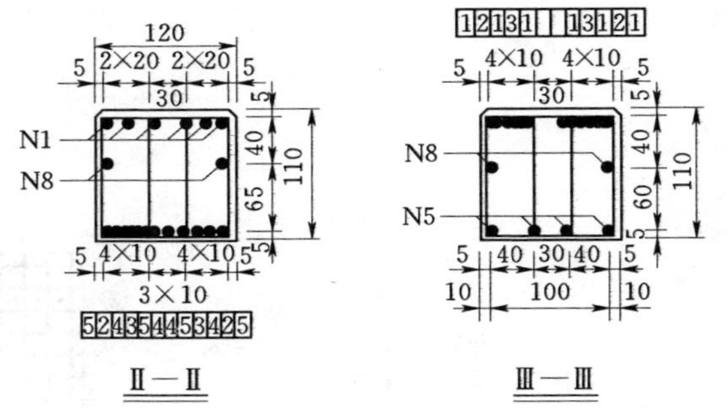

钢筋明细表

编号	直径/mm	每根长/cm	根数	共长/m
1	20	933	6	56.0
2	20	1006	2	20.2
3	20	940	2	18.8
4	20	430	4	17.2
5	20	940	4	37.6
6	8	362	62	224.4
7	8	平均 302	32	96.6
8	8	893	2	17.9

材料表

直径/mm	总长度/m	总质量/kg
20	149.8	369.4
8	418.7	165.4
合计		534.8

注：本图尺寸除钢筋直径以毫米(mm)计外，其余均以厘米(cm)计。

钻孔桩双柱式桥墩跨径16m	汽—20 挂车—100
墩帽钢筋布置	净-7+2×10.5

图 6.15 墩帽钢筋布置图

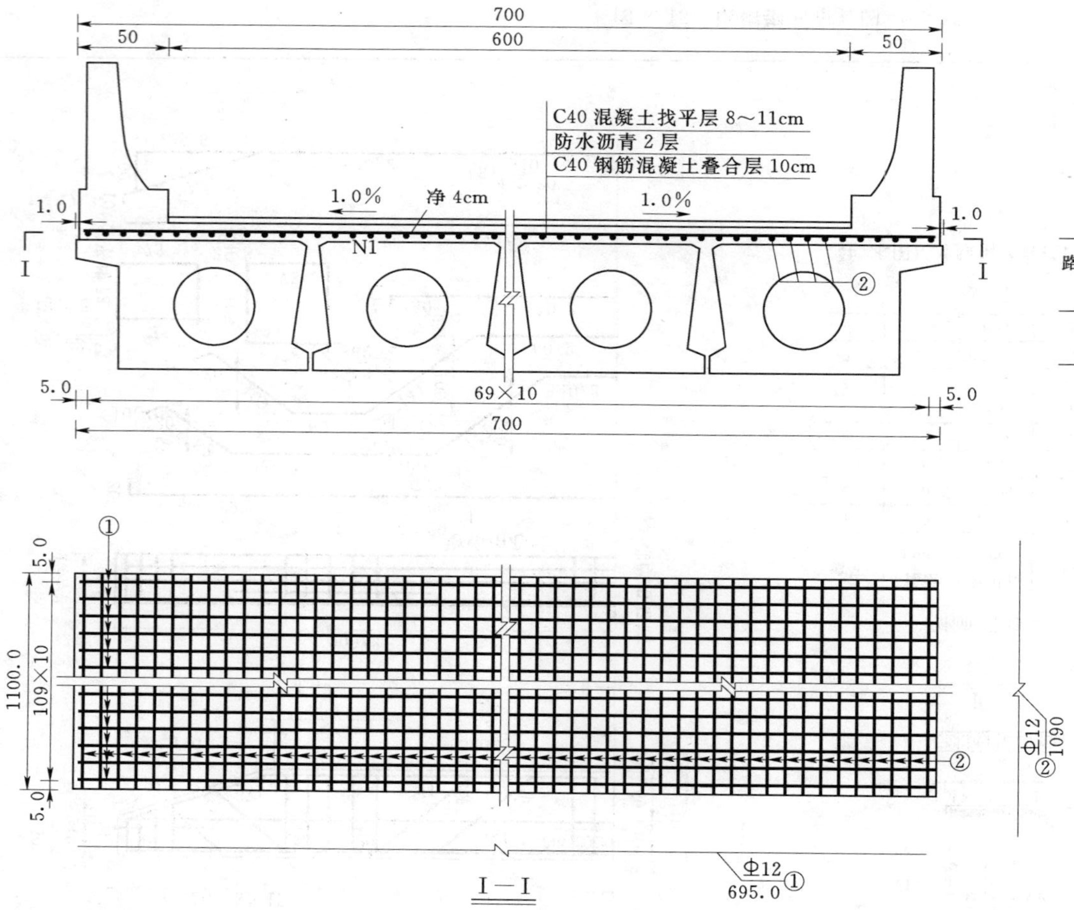

学习项目 6　公路工程制图实例

桥面铺装工程数量

路径总和 /m	φ /(°)	编号	直径 /mm	长度 /cm	根数	共重 /kg	C40 /m³
11.0	0.0	1	Φ12	695.0	110	1356.4	24.7
		2		1090	70		

注：
1. 本图尺寸均以厘米(cm)计。
2. 铰缝工程量已计入。
3. 全桥共 5 条铰缝。

图 6.16　桥面铺装构造图

学习项目7 三维绘图简介

学习目标：
- 熟悉三维绘图界面。
- 熟悉用户坐标系和视点的设置。
- 熟悉动态观察三维实体。
- 熟悉基本三维实体的创建。
- 了解三维建模在道路桥梁工程中的应用。

AutoCAD除有前面所述强大的二维绘图功能外，还具备基本的三维造型能力，虽然其三维设计功能相对较弱，但基本能满足一般的道路、桥梁建模和展示的要求。若物体组成相对简单，无复杂的外表曲面及多变的空间结构关系，则使用AutoCAD可以很方便地建立物体的三维模型。

学习单元7.1 熟悉三维绘图环境

7.1.1 三维绘图界面

创建三维模型时，可将AutoCAD 2010的工作空间切换至"三维建模"，如图7.1所示。在绘图窗口的上方从左至右分别设置了"建模"、"网格"、"实体编辑"、"绘图"、"修改"、"截面"、"视图"等几个常用面板。其中"建模"面板中有常用几何形体（如圆柱、圆锥、长方体、圆环、棱锥体等）多种实体造型和编辑图标。

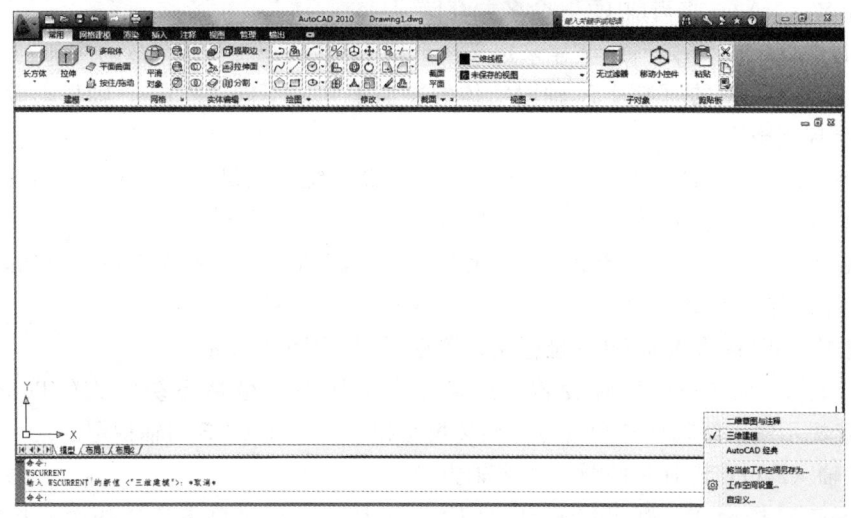

图7.1 "三维建模"界面

7.1.2 设置用户坐标系

绘制二维图形时,所有的操作都在一个平面上(即 XY 平面,也称构造平面),一般不涉及原点的移动和平面转换,但在进行三维绘图时,却经常遇到坐标变换问题,所以在绘制三维图形时,应首先设置用户坐标系。

用户可以在 AutoCAD 系统的世界坐标系(WCS)中定义用户坐标系(UCS)。UCS 的坐标原点可以在 WCS 空间的任意位置,Z 轴也可以按需要定义成任何方向,一旦定义好 Z 轴方向,则 XY 平面按右手规则垂直于 Z 轴。定义的 UCS 可以命名,以便以后随时调用或恢复。在多个 UCS 中只有一个是当前的。WCS 是唯一的,而 UCS 可以是任意多个。

用户坐标系建立方法有以下三种。

(1) 菜单栏"工具"→"新建 UCS"→"子菜单"。

(2) UCS 工具栏图标按钮 ⌐。

(3) 命令行输入"UCS"↙。

执行命令后,命令行提示:

命令:ucs
当前 UCS 名称:*世界*
指定 UCS 的原点或 [面(F)/命名(NA)/对象(OB)/上一个(P)/视图(V)/世界(W)/X/Y/Z/Z 轴(ZA)]<世界>:
输入坐标值,回车,设置新坐标原点

各选项的意义如下。

1) 指定 UCS 的原点:设置一个新原点,三个坐标轴的方向不变。当输入的坐标点是 X、Y 平面上的点时,则系统默认当前 Z 轴坐标值。操作完成后,坐标系先平移到新原点,然后 Z 轴正方向转移到由 Z 轴上的一点确定的方向。

2) 面(F):将 UCS 与选择的实体对象的面对齐。UCS 的 X 轴与找到的第一个面上的最近的边对齐。

3) 命名(NA):将当前 UCS 命名并存储。

4) 对象(OB):指定一个实体来定义一个新的坐标系。新的 UCS 的 Z 轴与指定实体的 Z 轴方向相同,新的原点及 X 轴因实体的类型不同而不同。新的 Y 轴根据确定的 X、Z 轴,右手规则确定。

5) 上一个(P):恢复上一个 UCS。AutoCAD 系统可以保留最后 10 个 UCS 坐标系,因此,可以重复使用该选项一步步退回到前某个 UCS 坐标系统。

6) 视图(V):建立一个新的 UCS 坐标系,使其 XY 平面垂直于视图方向,即平行于屏幕,原点保持不变。

7) 世界(W):将当前 UCS 坐标系设置返回到 WCS 坐标系。

8) X/Y/Z:绕某一坐标轴旋转。指定一个轴使整个坐标系绕它旋转以形成新的 UCS。后续提示输入绕轴旋转角度值,旋转角是相对于当前 UCS 的轴指定的。

9) Z 轴(ZA):设置新的原点及 Z 轴方向。

如果是工具栏操作,则可以调出"UCS"工具栏,直接单击选择的图标按钮即可。

一旦用户坐标系定义完成，该坐标系就成为当前坐标系，坐标系的图标会按照当前用户坐标系的状态显示坐标方向。

7.1.3 设置视点

沿一个坐标轴方向观察实体没有立体感，只有通过确定适当的观察视点，从不同的方向观察三维对象，才能得到立体效果。AutoCAD 提供以下几种方法设置观察视点。

1. 利用 vpoint 命令确定视点

在命令行输入"vpoint"并按回车键，命令行提示：

命令：vpoint
当前视图方向：VIEWDIR=0.0000,0.0000,1.0000
指定视点或［旋转(R)］＜显示指南针和三轴架＞：

各项含义如下。

（1）视点。给出视点的三个坐标分量来确定视点。直接输入 X、Y、Z 坐标值作为视点，由输入点到坐标原点的连线即为三维观察方向。

（2）旋转。以两个角度确定视点方向。后续提示为：输入 XY 平面中与 X 轴的夹角；输入与 XY 平面的夹角。若直接按回车键，则显示坐标球和三轴架。在坐标球中选择合适的位置，三轴架显示三个坐标轴各自的方向，依此确定观察视点。

2. 利用下拉菜单

选择下拉菜单"视图"→"三维视图"，即弹出下一级菜单，如图 7.2 所示，在菜单中有"俯视"、"仰视"、"左视"、"右视"、"前视"、"后视"、"西南等轴视"等选项，这些选项可以快速地确定出一些视点。

选择菜单中"视点预设"后弹出"视点预设"对话框，如图 7.3 所示。该对话框用图形方式动态地建立一个观察三维模型的新视点。框中提供了两个表盘图像，左边的正方形表盘，用于决定视点在 XY 平面上相对于 X 轴正向的角度值。右边半圆形表盘用来确定新视点和原点连线与 XY 平面的夹角。

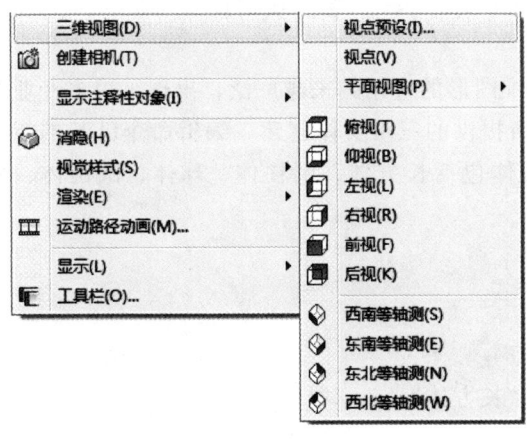

图 7.2 "三维视图"菜单

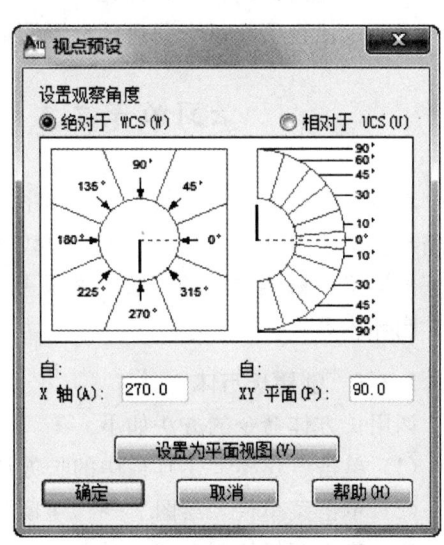

图 7.3 "视点预设"对话框

7.1.4 动态观察三维实体

AutoCAD 向用户提供了一种从不同方向动态观察视图的方法。执行自由动态观察命令后，通过单击并拖动鼠标的方式就可以方便地改变观察方向。动态观察命令的调用方法如下。

（1）单击动态观察工具栏按钮 ![] 。

（2）单击菜单栏"视图"→"动态观察"→"自由动态观察"。

（3）快捷键：Shift＋Ctrl＋鼠标滚轮。

（4）在命令行输入"3Dforbit"↙。

命令功能说明如下。

1) 执行 3DFORBIT 命令后，AutoCAD 的绘图窗口中就会出现一个大圆和 4 个均布的小圆，如图 7.4 所示，当鼠标光标移至圆的不同位置时，其形状将发生变化，不同形状的鼠标光标表明当前视图的旋转方向不同。

2) 当光标位于辅助圆内时，会变为 ![] 形状。此时可假想一个球体将目标对象包裹起来。单击并拖动鼠标光标，可以使球体沿鼠标光标拖动的方向旋转，因而模型视图也就旋转起来了。

3) 移动鼠标光标至辅助圆外，光标会变成 ![] 形状，按住鼠标左键并将鼠标光标沿辅助圆拖动，可以使三维视图旋转，旋转轴垂直于屏幕并通过辅助圆心。

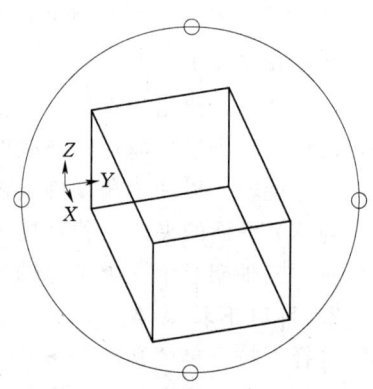

图 7.4 动态观察三维实体

4) 当把光标移动到辅助圆左、右两侧的小圆中时，光标会变成 ![] 形状。单击并拖动鼠标，可以使视图绕一个通过辅助圆圆心的铅垂方向轴线转动。

5) 当把光标移动到辅助圆上、下位置的小圆中时，光标会变成 ![] 形状。单击并拖动鼠标，可以使视图绕一个通过辅助圆圆心的水平方向轴线转动。

学习单元 7.2　绘制基本三维实体

在道路和桥梁的设计与绘图过程中，三维图形的应用越来越广泛，出现了很多专业的道路与桥梁建模软件，而实际上 AutoCAD 所提供的三维实体创建、编辑命令已基本能满足一般道路、桥梁建模的需要。相关基本实体包括长方体、圆柱体、球体、圆锥体、楔体、圆环体等。

7.2.1　创建长方体

调用长方体命令的方法如下。

（1）单击"建模"工具栏中的长方体按钮 ![] 。

（2）单击菜单栏"绘图"→"建模"→"长方体"。

（3）建模面板控制台按钮 ![] 。

学习单元 7.2 绘制基本三维实体

（4）在命令行输入"BOX"↙。

下面绘制一个如图 7.5 所示，长 100、宽 70、高 60 的长方体，执行 box 命令后，命令行会出现以下提示。

命令：_box
指定第一个角点或 [中心(C)]：0,0,0　　　　　　输入长方体角点空间坐标值,回车
指定其他角点或 [立方体(C)/长度(L)]：l　　　　输入选项 l
指定长度：100　　　　　　　　　　　　　　　　输入长度值
指定宽度：70　　　　　　　　　　　　　　　　　输入宽度值
指定高度或 [两点(2P)]：60　　　　　　　　　　 输入高度值

命令功能说明如下。

1）长方体创建的默认方式是通过指定长方体的两个对角顶点位置来完成的。顶点位置可以直接输入坐标值确定。

2）在"指定角点或 [立方体(C)/长度(L)]："提示下选择参数"C"可以给出边长后创建立方体；选择参数"L"可以通过给定长方体的长、宽、高三个特征值来创建长方体。

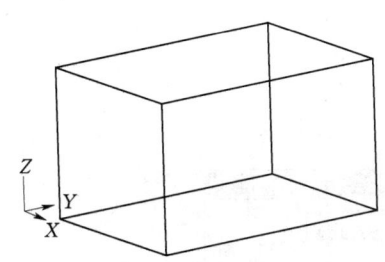

图 7.5　创建长方体

7.2.2　创建球体

调用球体命令的方法如下。

（1）单击"建模"工具栏中的球体按钮 ⃝。
（2）单击菜单栏"绘图"→"建模"→"球体"。
（3）建模面板控制台按钮 ⃝。
（4）在命令行输入"Sphere"↙。

下面使用球体命令绘制一个直径为 60 的球体，执行球体命令后，命令行会出现以下提示。

命令：_sphere
指定中心点或 [三点(3P)/两点(2P)/切点、切点、半径(T)]：100,100　　输入中心点坐标
指定半径或 [直径(D)] <60.0000>：60　　　　　　　　　　　　　　　 输入球体半径值

命令执行完后得到如图 7.6（a）所示的球体。AutoCAD 是通过轮廓素线来表达曲面的，轮廓素线的数量越多，表达的曲面越真实，但显示性能也越差，渲染时间也越长。由于 AutoCAD 默认曲面轮廓线的数量是 4，通常情况下无法真实表达曲面情况，这时用户需要对球体轮廓素线的数量进行重新设置以得到满意的实体效果。设置方法为在绘图窗口右击打开快捷菜单，单击"选项（O）…"选项，打开"选项"对话框，如图 7.7 所示，在"显示"选项卡的"显示精度"设置区将"每个曲面的轮廓素线"设置为 15，然后单击"确定"按钮。设置完成后执行"重生成"命令 Regen 即可显示图 7.6（b）所示球体。

也可以在创建三维实体前设置曲面轮廓素线的数目，这样就不需要再执行"重生成"命令。

学习项目7 三维绘图简介

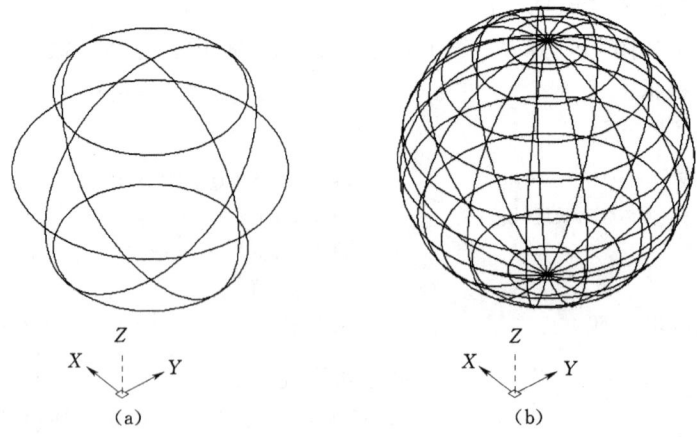

图 7.6 创建球体

图 7.7 "选项"对话框

创建球体时,除了可以采用指定圆心和半径(直径)的方法外,还可以采用"三点(3P)"、"两点(2P)"、"切点、切点、半径(T)"等方式创建球体。其中,"三点"方式通过在三维空间的任意位置指定三个点来定义球体的圆周;"两点"方式通过在三维空间的任意位置指定两个点来定义球体的圆周,并用第一点的 Z 坐标值定义圆周所在平面;"相切、相切、半径"方式通过指定半径定义可与两个对象相切的球体。

7.2.3 创建圆柱体

调用圆柱体命令的方法如下。

(1) 单击"建模"工具栏中的圆柱体按钮 。

(2) 单击菜单栏"绘图"→"建模"→"圆柱体"。

(3) 建模面板控制台按钮 。

学习单元 7.2 绘制基本三维实体

(4) 在命令行输入"Cylinder"↙。

下面使用圆柱体命令绘制如图 7.8 所示的一个直径为 100、高为 150 的圆柱体,执行圆柱体命令后,命令行会出现以下提示。

命令:_cylinder
指定底面的中心点或 [三点(3P)/两点(2P)/切点、切点、半径(T)/椭圆(E)]:   鼠标拾取中心点
指定底面半径或 [直径(D)] <60.0000>:50   输入 50 作为底面半径
指定高度或 [两点(2P)/轴端点(A)] <60.0000>:150   输入 150 作为高度

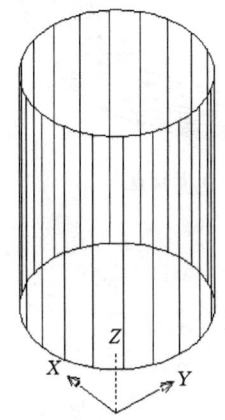

图 7.8 创建圆柱体

命令功能说明:

1) 圆柱体命令除了可以创建正圆柱体外,还可以创建椭圆柱。指定圆柱底面圆时可以采用"三点"、"两点"和"相切、相切、半径"方式,其含义与绘制二维平面圆相同。

2) 圆柱或椭圆柱的高度可以直接输入高度值确定,也可以在绘图窗口直接拖动鼠标确定高度。如果采用"两点"方式指定圆柱高度,则可以在绘图窗口使用鼠标单击任意两点,两点之间的距离将作为圆柱的高度。

7.2.4 创建圆锥体

调用圆锥体命令的方法如下。

(1) 单击"建模"工具栏中的圆锥体按钮 ◭。
(2) 单击菜单栏"绘图"→"建模"→"圆锥体"。
(3) 建模面板控制台按钮 ◭。
(4) 在命令行输入"Cone"↙。

下面使用圆锥体命令绘制如图 7.9 所示底面圆直径为 60、高为 100 的圆锥体,执行圆锥体命令后,命令行会出现以下提示。

命令:_cone
指定底面的中心点或 [三点(3P)/两点(2P)/切点、切点、半径(T)/椭圆(E)]:   鼠标拾取中心点
指定底面半径或 [直径(D)] <50.0000>:30   输入 30 作为底面半径
指定高度或 [两点(2P)/轴端点(A)/顶面半径(T)] <150.0000>:100   输入 100 作为高度

命令功能说明:

1) 与圆柱体命令类似,圆锥体命令除了可以创建正圆锥体外,还可以创建椭圆锥。指定圆锥底面圆时也可以采用"三点"、"两点"和"相切、相切、半径"方式。

2) 创建圆锥体时,如果在"指定高度或 [两点(2P)/轴端点(A)/顶面半径(T)]:"提示下选择"顶面半径(T)"选项并输入顶面半径值,可以创建圆台或椭圆台。

3) 创建圆锥体时,如果在"指定高度或 [两点(2P)/轴端点(A)/顶面半径(T)]:"提示下选择"轴端点(A)"选项,可以通过移动鼠标指定圆锥体轴线的端点位置。轴端点是圆锥体的顶点或圆

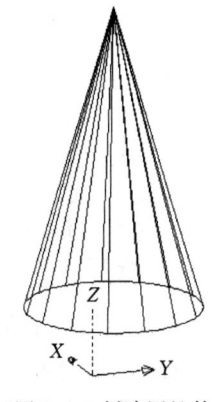

图 7.9 创建圆锥体

台的顶面中心点。轴端点可以位于三维空间的任何位置，轴端点定义了圆锥体的长度和方向。

7.2.5 创建圆环体

调用圆环体命令的方法如下。

（1）单击"建模"工具栏中的圆环体按钮 ◎。

（2）单击菜单栏"绘图"→"建模"→"圆环"。

（3）建模面板控制台按钮 ◎。

（4）在命令行输入"Torus" ↙。

下面使用圆环体命令绘制如图 7.10 所示圆环体，执行圆环体命令后，命令行会出现以下提示。

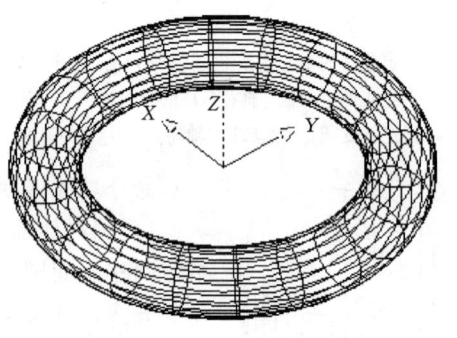

图 7.10　创建圆环体

```
命令：_torus
指定中心点或［三点(3P)/两点(2P)/切点、切点、半径(T)］：    鼠标拾取中心点
指定半径或［直径(D)］<30.0000>：50                          输入 50 作为圆环半径值
指定圆管半径或［两点(2P)/直径(D)］：10                      输入 10 作为圆管半径值
```

除了上述基本三维实体的创建外，AutoCAD 还可以创建平面曲面、楔体、螺旋体、棱锥体等，这里不再一一介绍。

学习单元 7.3　三维建模在路桥工程中的应用示例

创建三维模型是制作三维效果图的基础，三维建模在道路与桥梁设计中具有十分重要的作用，它可以将设计人员的意图非常直观地展现出来。下面将通过重力式桥台的三维建模实例来说明三维建模的方法。

重力式桥台是由台帽、前墙、侧墙和基础四个部分组成。建模时，可先对台帽、前墙、侧墙和基础分别进行建模，然后再组装成一个整体的桥台。

1. 台帽建模

台帽为长方体，长 90cm，宽 1460cm，厚 60cm，可用长方体（box）命令创建。

```
命令：_box
指定第一个角点或［中心(C)］：0,0,0
指定其他角点或［立方体(C)/长度(L)］：1
指定长度 <100.0000>：90
指定宽度 <60.0000>：1460
指定高度或［两点(2P)］<50.0000>：60
```

台帽绘制结果在东南等轴测视图中如图 7.11 所示。

2. 前墙建模

前墙断面如图 7.12 所示，长 1450cm。桥台前墙虽然不是基本实体，但可以通过二维图形(断面)拉伸创建,具体操作步骤如下。

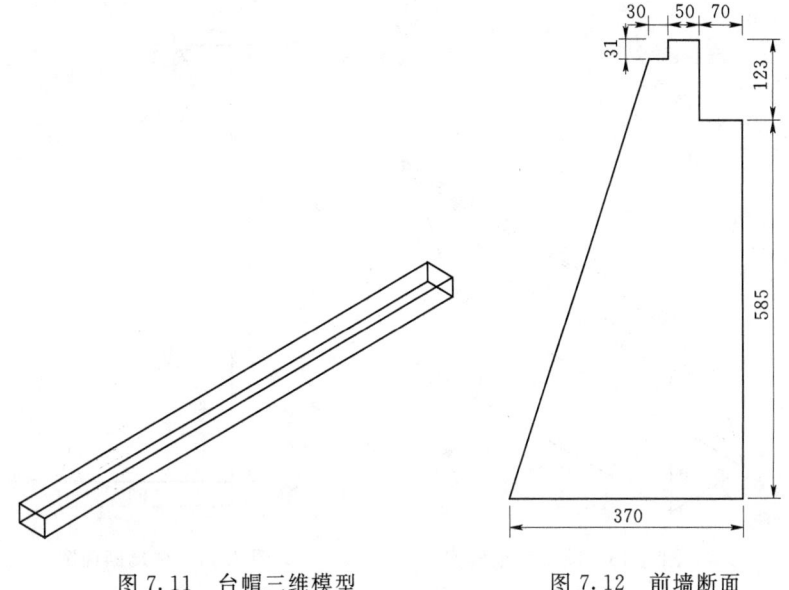

图 7.11　台帽三维模型　　　　图 7.12　前墙断面

(1) 利用直线(Line)命令或多段线(Pline)命令绘制前墙断面轮廓线。
(2) 使用面域(Region)命令将前墙断面生成面域。

命令:region
选择对象:指定对角点:找到 8 个
选择对象:
已提取 1 个环。
已创建 1 个面域。

(3) 将视图设置为东南等轴测视图,将生成的面域绕 X 轴旋转 90°。

命令:rotate3d
当前正向角度:ANGDIR=逆时针 ANGBASE=0
选择对象:找到 1 个
选择对象:
指定轴上的第一个点或定义轴依据
[对象(O)/最近的(L)/视图(V)/X 轴(X)/Y 轴(Y)/Z 轴(Z)/两点(2)]:x
指定 X 轴上的点 <0,0,0>:
指定旋转角度或[参照(R)]:90

(4) 使用 extrude 命令拉伸面域,拉伸高度为 1450cm。前墙绘制结果在东南等轴测视图中如图 7.13 所示。

命令:extrude
当前线框密度:ISOLINES=4
选择要拉伸的对象:找到 1 个
选择要拉伸的对象:

指定拉伸的高度或［方向(D)/路径(P)/倾斜角(T)］＜60.0000＞：1450

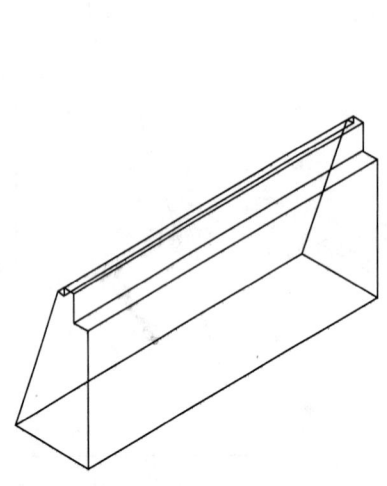

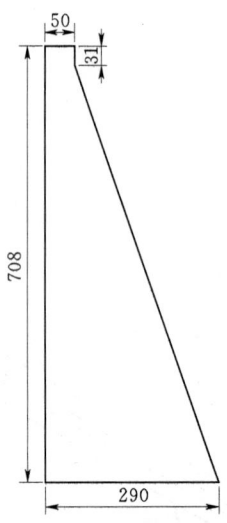

图 7.13 前墙三维模型　　　　　图 7.14 侧墙断面图

3．侧墙建模

侧墙断面如图 7.14 所示，长 800cm，创建步骤如下。

（1）利用直线（Line）命令或多段线（Pline）命令绘制侧墙断面图形。

（2）使用面域（Region）命令将侧墙断面生成面域。

（3）使用 EXTRUDE 命令拉伸面域。

命令：region
选择对象：指定对角点：找到 5 个
选择对象：
已提取 1 个环。
已创建 1 个面域。
命令：extrude
当前线框密度：ISOLINES＝4
选择要拉伸的对象：找到 1 个
选择要拉伸的对象：
指定拉伸的高度或［方向(D)/路径(P)/倾斜角(T)］＜1450.0000＞：800

（4）将视图设置为东南等轴测视图，将生成的面域先绕 X 轴旋转 90°，在绕 Z 轴旋转 90°，侧墙绘制结果如图 7.15 所示。

命令：rotate3d
当前正向角度：ANGDIR＝逆时针 ANGBASE＝0
选择对象：找到 1 个
选择对象：
指定轴上的第一个点或定义轴依据
［对象(O)/最近的(L)/视图(V)/X 轴(X)/Y 轴(Y)/Z 轴(Z)/两点(2)］：x
指定 X 轴上的点 ＜0,0,0＞：

指定旋转角度或［参照(R)］：90
命令：
ROTATE3D
当前正向角度：ANGDIR＝逆时针 ANGBASE＝0
选择对象：找到 1 个
选择对象：
指定轴上的第一个点或定义轴依据
［对象(O)/最近的(L)/视图(V)/X 轴(X)/Y 轴(Y)/Z 轴(Z)/两点(2)］：z
指定 Z 轴上的点 <0,0,0>：
指定旋转角度或［参照(R)］：90

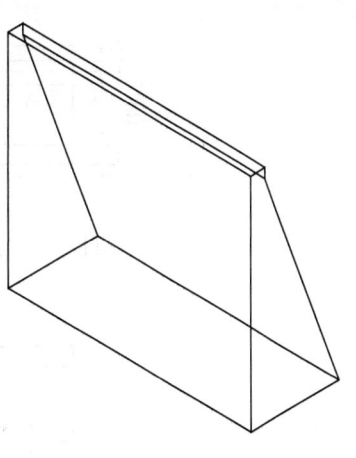

4．基础建模

基础形状为"凹"字形，其平面尺寸如图 7.16 所示，步骤如下。

图 7.15　侧墙三维模型

（1）利用直线（Line）命令或多段线（Pline）命令绘制桥台基础轮廓线，如图 7.16 所示。

（2）使用 REGION 命令将平面图形生成面域。

（3）使用 EXTRUDE 命令拉伸面域，拉伸高度为 150cm。

（4）将视图设置为东南等轴测视图。

桥台基础绘制结果在东南等轴测视图中如图 7.17 所示。

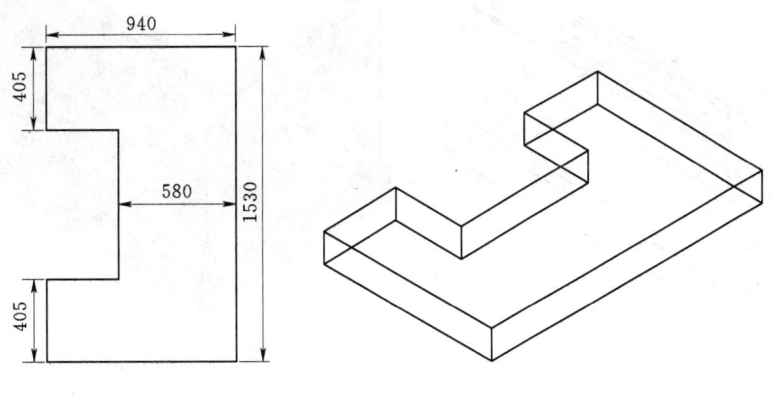

图 7.16　桥台基础断面图　　　图 7.17　桥台基础三维模型

5．桥台组装

桥台组装需要参照如图 7.18 所示桥台平面设计图完成。

具体操作步骤如下。

（1）使用移动（move）命令先将台帽与前墙拼在一起，再使用对齐（Align）命令将侧墙拼在前墙左侧，利用 Mirror3D 命令，镜像生成右侧墙。

（2）将基础与已经组合好的台帽、前墙、侧墙拼在一起，效果如图 7.19 所示。

（3）使用并集运算（Union）命令将所有部件合成一个整体。

（4）通过菜单栏"视图"→"视觉样式"→"二维线框"/"三维线框"/"三维隐藏"/"概念"/"真实"设置视觉样式。

学习项目7 三维绘图简介

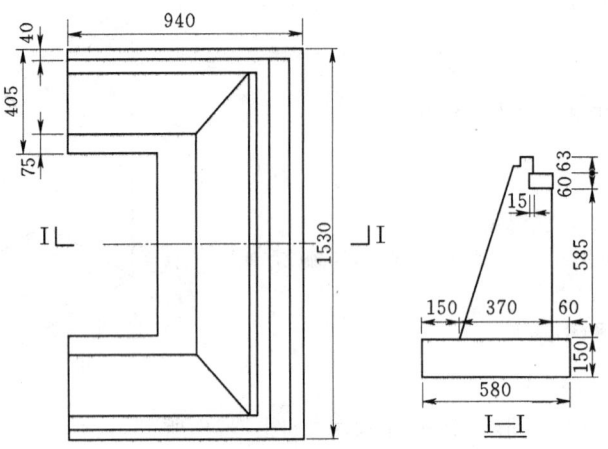

图7.18 桥台平面设计图和断面图

图7.20为选择"概念"视觉样式选项后的效果。

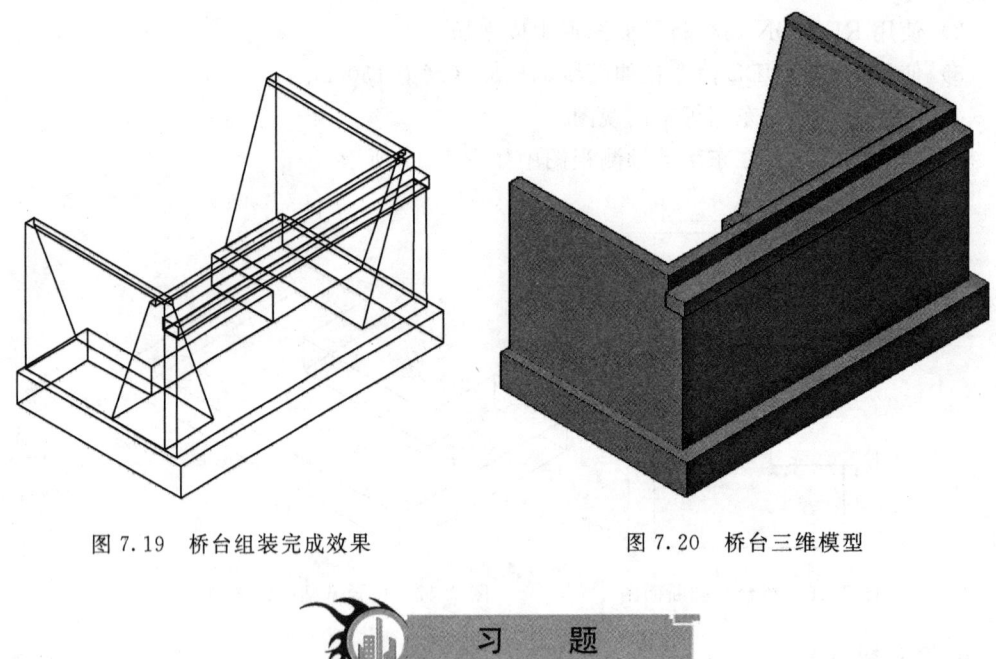

图7.19 桥台组装完成效果　　　　图7.20 桥台三维模型

习　题

1. 简答题

（1）简述建立用户坐标系的意义。

（2）试创建一个上底面半径100cm，上底面半径60cm，高50cm的圆台实体。

2. 实训题

请按图7.21所示预应力空心板断面图建立三维模型，其中板长1300cm，桥面由9块中板和2块边板组成。

习　题

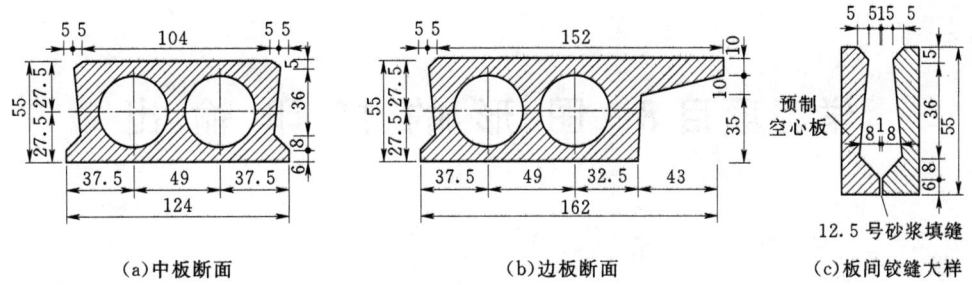

(a)中板断面　　　　　(b)边板断面　　　　(c)板间铰缝大样

图 7.21　预应力空心板断面图

学习项目 8　图形的打印输出

学习目标：
- 了解模型空间与图纸空间的功能。
- 熟悉图形文件的输出方法。
- 熟悉绘图设备的配置方法。
- 掌握打印样式的设置与管理。
- 掌握页面设置的方法。

学习单元 8.1　模型空间与图纸空间

AutoCAD 提供了两个并行的工作空间，即"模型空间"和"图纸空间"，分别对应着绘图窗口下部的"模型"选项卡和"布局"选项卡。打开 AutoCAD 绘图所处的空间是模型空间，它是一个三维空间，而任何图纸都是二维平面，要想将绘制的图纸打印输出，一是要设置视口、图纸布局；二是将输出设备进行配置。

8.1.1　模型空间

模型空间是用户进行设计绘图的工作空间，也是系统默认的工作空间，它是一个无限空间，用户不必担心绘图空间是否足够大。在模型空间中，无论是二维图形还是三维图形都可以完成绘制、编辑与标注必要的尺寸和文字说明等操作。为了能够比较清楚地观察图形的不同部分，用户还可以将模型空间绘图区域拆分成一个或多个相邻的矩形视图，即模型空间视口（平铺视口），用户可以使用一个或多个平铺视口来显示模型的不同视图。当设置多个视口时，只有一个视口是当前视口，用户只能在当前视口中绘制和编辑图形，如图 8.1 所示。

8.1.2　图纸空间

在模型空间绘制好图形以后，可以选择"布局"选项卡，切换到图纸空间。图纸空间是显示二维视图的一个区域，主要在图形输出时使用。在图纸空间中所创建的视口称浮动视口，这些视口的数目和位置不受限制，大小和形状可以是任意的，一个视口可以覆盖在其他视口上，视口还可以作为对象被编辑（如编辑视口的边框、移动视口、删除视口等）。各个视口中的视图可以采用不同的比例，冻结和解冻特定的图层，给出不同的标注和文字说明，以便清楚地描述物体的形状。图 8.2 所示为一个视口的图纸空间。

AutoCAD 提供的图纸空间，使用户在模型空间工作时，只需考虑设计内容，勿须考虑图纸大小、比例及缩放等问题。两种工作空间可以方便、快速地进行切换，其方法是单击状态栏的"模型/布局"选项卡。

学习单元 8.1 模型空间与图纸空间

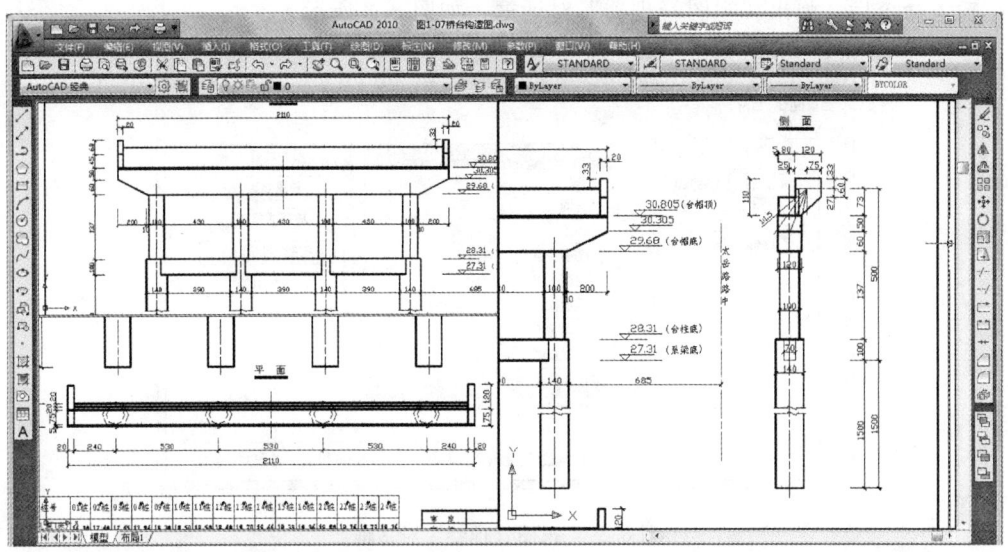

图 8.1 两个视口的模型空间

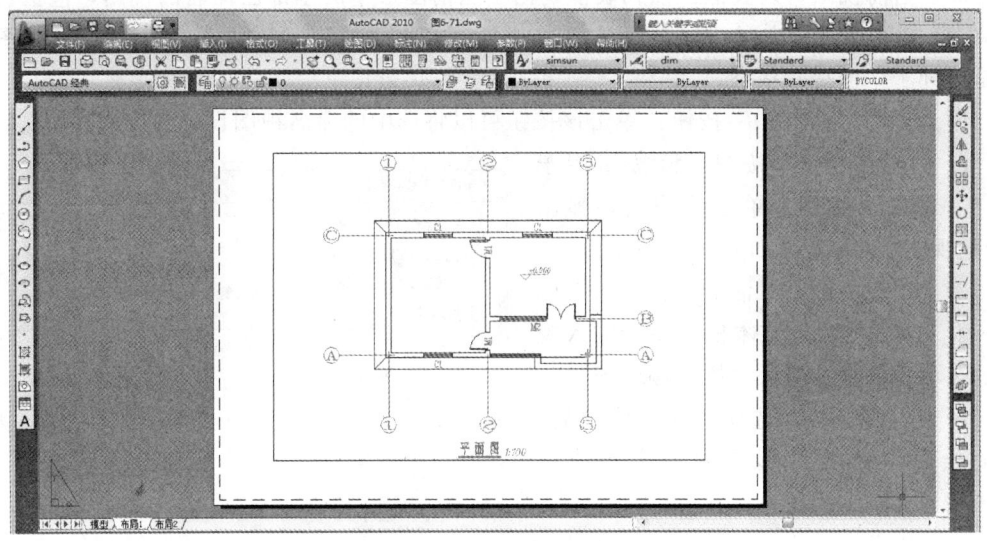

图 8.2 一个视口的图纸空间

8.1.3 模型空间的视图

形体的视图是指从不同的角度观看形体所得到的投影。对视图命名并加以保存，以便随时将其恢复使用。例如，在模型空间中的同一张图纸上绘制出桥梁平面图和立面图，如果要将其打印到同一张图纸上，并且出图的比例不同时，需要对桥梁平面图和立面图分别命名并加以保存，待布图时恢复使用。用户在绘图时可将绘图区分为几个平铺视口，这样可以同时显示几个不同的视图。激活"视图"命令的方法如下。

（1）单击菜单栏"视图"→"命名视图"。

（2）命令行输入"View"↙。

145

输入命令后,弹出"视图管理器"对话框,如图 8.3 所示。

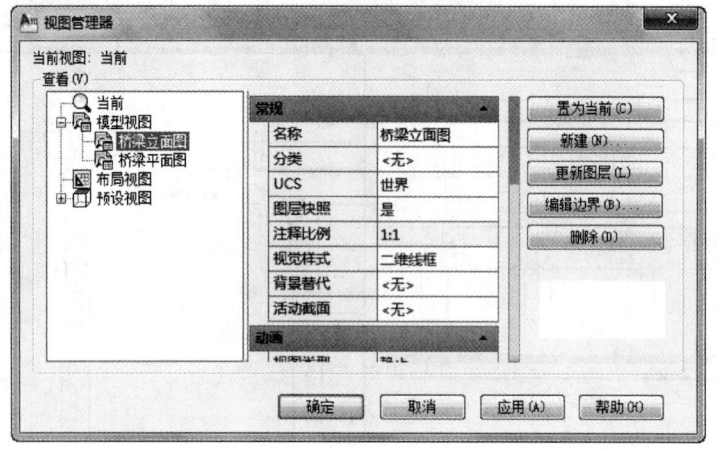

图 8.3 "视图管理器"对话框

1)"视图管理器"对话框中各项意义。

a."当前视图"列表框:该列表框列出了当前图形中的全部已命名的视图,包括视图"名称"、视图所在的空间"位置"、与视图一起保存的 UCS(用户坐标系)名称及视图当前是否处于"透视"状态。

b."置为当前(C)"按钮:单击该按钮可以将选中的命名视图设置为当前视图。

c."新建(N)"按钮:该按钮用于新建一个命名视图。单击该按钮,弹出"新建视图"对话框,如图 8.4 所示。

2)"新建视图"对话框中各项意义。

a."视图名称"文本框:用于输入视图的名称。例如,输入"桥梁侧面图"。

b."当前显示"选项:选择该项后,当前绘图区内的图形作为一个新建的视图。

c."定义窗口"选项:选择该项后,再单击旁边的图标按钮,在绘图区指定一个窗口,该窗口内的图线即为新建的视图。

单击"新建视图"对话框的"确定"按钮,将所建立的视图保存起来。在"视图管理器"对话框的"当前视图"列表框中可以看到刚建立的新视图的名称,选择新建视图,单击"置为当前"按钮,然后单击"确定"按钮,完成命名视图操作,

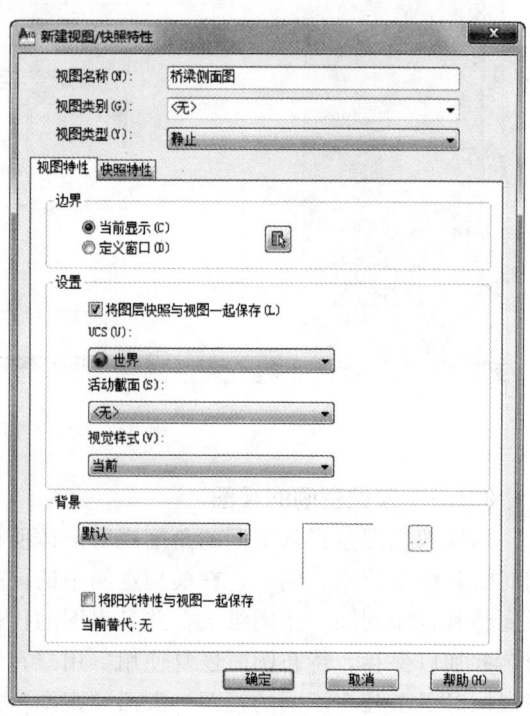

图 8.4 "新建视图"对话框

将新建视图置为当前视图。

8.1.4 模型空间的平铺视口

激活"视口"命令的方法如下。

(1) 单击菜单栏"视图"→"视口"→"新建视口"。

(2) 单击视口工具栏图标按钮。

(3) 命令行输入"Vports"✓。

执行命令后,弹出显示"新建视口"选项卡的"视口"对话框,如图 8.5 所示。

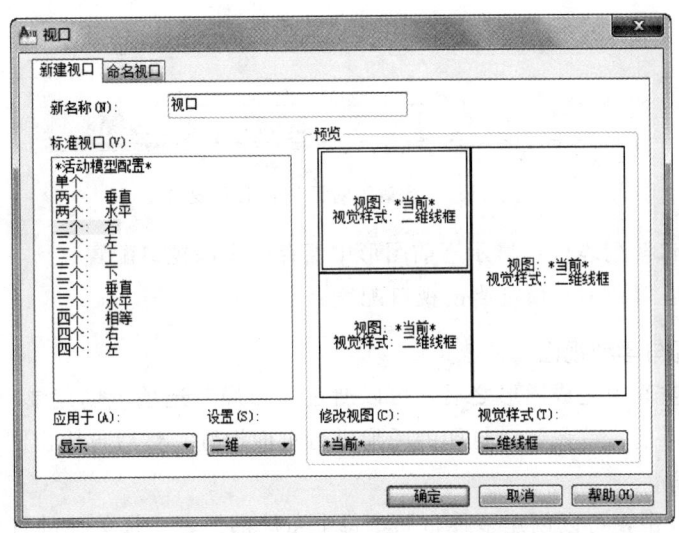

图 8.5 "视口"对话框:新建视口

1)"视口"对话框"新建视口"中各项意义。

a."新名称"文字编辑框:用于输入新建视口的名称。若创建新视口时没有在此指定视口的名称,则在保存图形视口时用户定义的视口将不被保存,布图时不能使用没有保存的视口。

b."标准视口"列表框:用于选择标准配置名称。如选"三个:右"视口,如图 8.5 所示。

c."预览"窗口:用于预览选定的视口配置(即绘图区的视口个数)。在任意视口内单击一点,该视口将成为当前视口。

d."应用于"下拉列表框:用于选择"显示"选项还是"当前视口"选项。

e."设置"下拉列表框:对于二维多个平铺视口,选择"2D";对于三维多个平铺视口,选择"3D"。如选"2D"可在二维平面显示视口。

f."修改视图"下拉列表框:所选的视口配置代替以前的视口配置。用户在当前视口中可以选择视口配置用来代替系统默认的视口配置。

2)"命名视口"中各项意义。单击"视口"对话框"命名视口"选项卡,可以对平铺视口进行命名,如图 8.6 所示。"命名视口"中各项意义如下。

a."当前名称""显示当前命名视口的名称。

学习项目 8　图形的打印输出

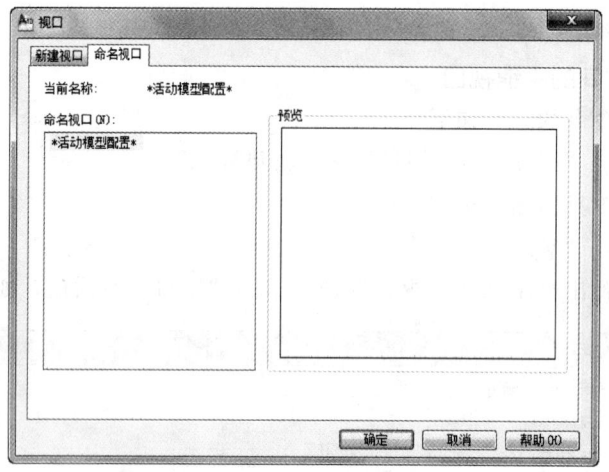

图 8.6　"视口"对话框：命名视口

b. "命名视口"列表框：显示当前图形中保存的全部视口配置。

c. "预览"窗口：用于预览当前视口配置。

8.1.5　布局与浮动视口

在"模型"空间中完成图形之后，可以通过"布局"选项卡创建要打印的图纸空间。在布局中输出图形前，首先要对打印的图形进行页面设置，然后再输出图形。

1. 创建布局

在 AutoCAD 中，可以创建多种布局，每个布局都代表一张单独的打印输出图纸。创建新布局后，就可以在布局中创建浮动视口。视口中的各个视图可以使用不同的打印比例，能够控制视口中图层的可见性。

使用布局向导创建布局的方法及步骤如下。

（1）选择"工具"→"向导"→"创建布局"命令，打开"创建布局-开始"对话框，将布局命名为"道路竣工平面图"，如图 8.7 所示。

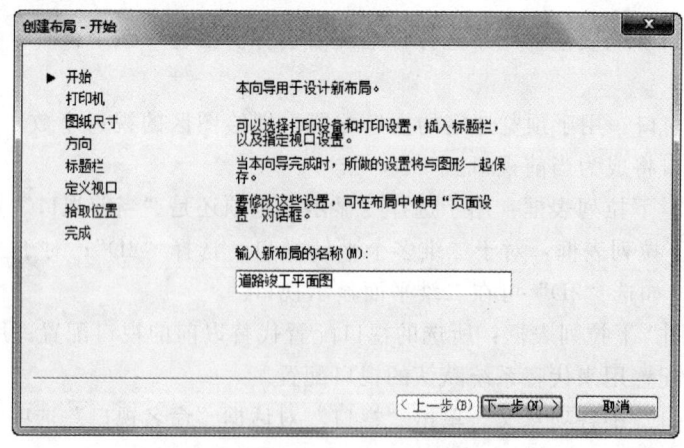

图 8.7　"创建布局"对话框：开始

(2) 单击"下一步"按钮,在打开的"创建布局-打印机"对话框中,为布局选择配置的打印机。

(3) 单击"下一步"按钮,在打开的"创建布局-图纸尺寸"对话框中,选择布局使用的图纸尺寸和图形单位。图纸尺寸要和打印机能输出的图形尺寸相匹配。

(4) 单击"下一步"按钮,在打开的"创建布局-方向"对话框中,选择图形在图纸上的打印方向,可以选择"纵向"或"横向"。

(5) 单击"下一步"按钮,在打开的"创建布局-标题栏"对话框中,选择图纸的边框和标题栏的样式。对话框右边的预览框中给出了所选样式的预览图像。在"类型"选项组中,可以指定所选择的标题栏图形文件是作为块还是作为外部参照插入到当前图形中。

(6) 单击"下一步"按钮,在打开的"创建布局-定义视口"对话框中指定新创建的布局的默认视口的设置和比例等。

(7) 单击"下一步"按钮,在打开的"创建布局-拾取位置"对话框中,单击"选择位置"按钮,切换到绘图窗口,并指定视口的大小和位置。

(8) 单击"下一步"按钮,在打开的"创建布局-完成"对话框中,单击"完成"按钮,完成新布局及默认的视口创建。如图 8.8 所示,一个名为"道路竣工平面图"的布局就创建好了。布局当中虚线内范围为打印范围。

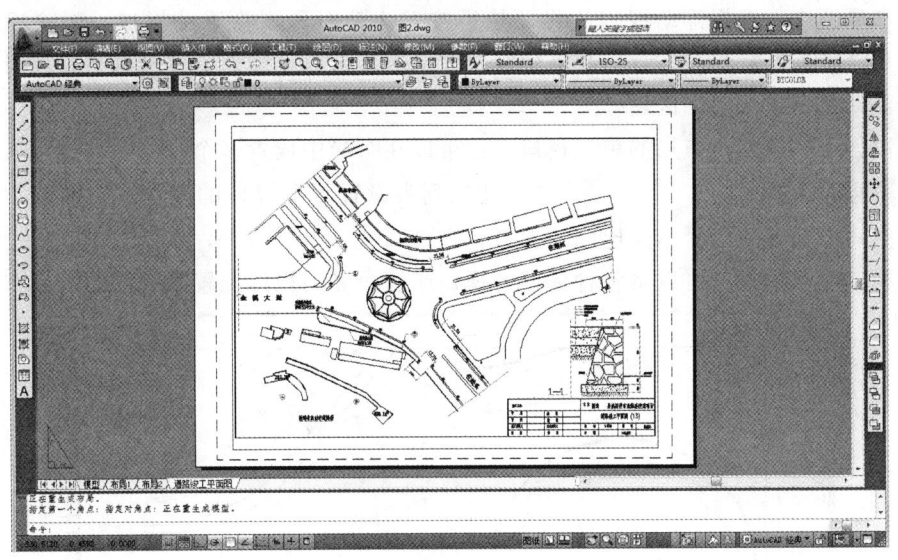

图 8.8 创建布局完成

2. 管理布局

右击"布局"标签,使用弹出的快捷菜单中的命令,可以删除、新建、重命名、移动或复制布局,如图 8.9 所示。

如果以后要修改页面布局,可从快捷菜单中选择"页面设置管理器"命令,通过修改布局的页面设置,将图形按不同比例打印到不同尺寸的图纸中。

3. 浮动视口

在图纸空间可以创建多个视口,这些视口称为浮动视口,浮动视口具有以下特点。

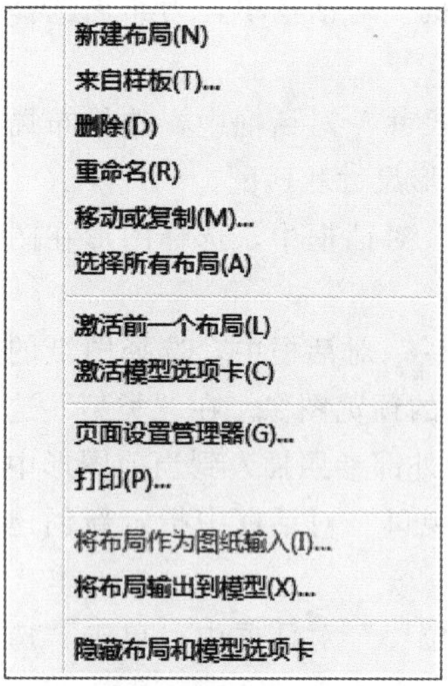

（1）视口是浮动的。各视口可以改变位置，也可以相互重叠。

（2）浮动视口位于当前层时，可以改变视口边界的颜色，但线型总为实线，可以采用冻结视图边界所在图层的方式来显示或不打印视口边界。

（3）可以将视口边界作为编辑对象，进行移动、复制、缩放、删除等编辑操作。

（4）可以在各视口中冻结或解冻不同的图层，以便在指定的视图中显示或隐藏相应的图形，尺寸标注等对象。

（5）可以在图纸空间添加注释等图形对象。

（6）可以创建各种形状的视口。

（7）在图纸空间无法编辑模型空间中的对象。如果要编辑模型，必须激活浮动视口，进入浮动模型空间。激活浮动视口的方法有多种，如单击状态栏上的"图纸"按钮或双击浮动视口区域中的任意位置。

图 8.9　布局的快捷菜单

4．删除、新建和调整浮动视口

在布局图中，选择浮动视口边界，然后按 Del 键即可删除浮动视口。删除浮动视口后，使用"视图"→"视口"→"新建视口"命令，可以创建新的浮动视口，此时需要指定创建浮动视口的数量和区域。

可以创建布满整个布局的单一视口，也可以在布局中放置多个视口，并且可通过视口工具栏中视口比例列表设置每个视口的比例。如图 8.10 所示，在图纸空间中新建的两个不同比例的视口，左视口比例为 1∶40，右视口比例为 1∶100。使用"视口"对话框，可以将各种标准的视口或已命名的视口配置及视图插入到布局中。

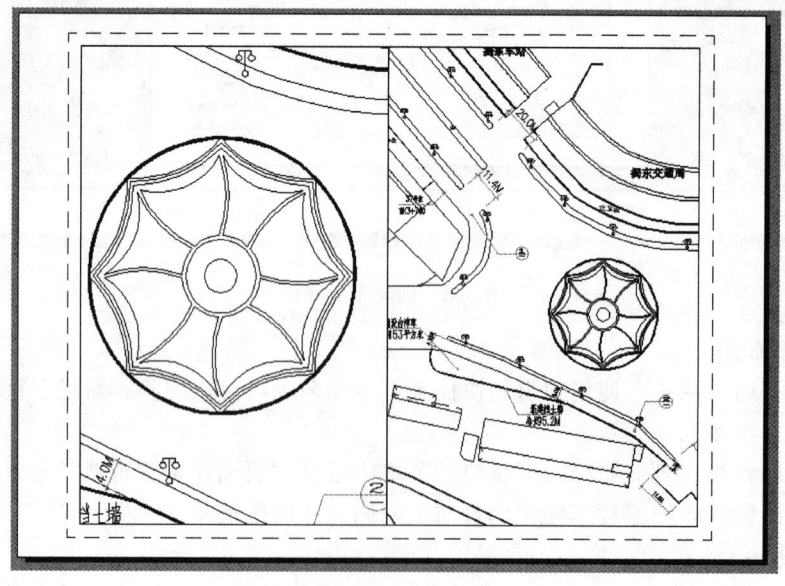

图 8.10　不同比例的两个视口布局

学习单元 8.2 图纸的打印输出

8.2.1 常用的绘图设备

1. 打印机

打印机通常用于 Windows 文本打印，只能打印小幅面（A3 或 A4）的图纸，因此作为 AutoCAD 的图形输出设备显得并不完善。

目前流行的打印机主要有喷墨打印机和激光打印机两种。彩色喷墨打印机价格便宜，打印质量能满足要求；激光打印机打印速度快、质量好，是用户打印小幅面图纸的首选。

2. 绘图仪

绘图仪是传统的输出设备，不同形式的绘图仪虽然有些细微的区别，但都可以使图形效果得到最佳体现。绘图仪适合于打印大幅面图纸（A0、A1、A2），又称为大幅面打印机。

8.2.2 图纸的打印输出

调用打印命令的方法如下。

（1）单击菜单栏"文件"→"打印"。

（2）单击"标准"工具栏图标按钮。

（3）在命令行输入"Plot"✓。

（4）快捷键：Ctrl＋P。

8.2.3 打印准备

（1）连接出图设备到计算机，确定数据线、电源线等连接无误后，打开绘图仪（或打印机）的电源。

（2）打印设备进行自检。

（3）检查图纸的尺寸和位置。

一切正确无误后，方可输出图形。

8.2.3.1 在图纸空间打印

完成布局的创建和设置后，打印操作是很简单的，下面以 8.1.5 中创建完成的布局"道路竣工平面图"为例介绍一下布局的打印方法。

（1）激活要打印的布局。

（2）启动打印命令，显示"打印-道路竣工平面图"对话框，如图 8.11 所示。

（3）进行打印设置。"打印"对话框中的设置与创建布局时的页面设置是一致的，可以看到"打印机"、"图纸尺寸"、"打印区域"、"打印比例"已设置好了。

（4）打印样式设置。打印样式通过确定打印特性（例如线宽、颜色和填充样式）来控制对象或布局的打印方式。打印样式表中收集了多组打印样式。打印样式可分为颜色打印样式表（*.CTB）和命名打印样式表（*.STB）两种模式。颜色打印样式以对象的颜色为基础，共有 255 种颜色相关打印样式。在颜色打印样式模式下，通过调整与对象颜色对应的打印样式可以控制所有具有同种颜色的对象的打印方式。如图 8.11 所示，样式打印

学习项目 8　图形的打印输出

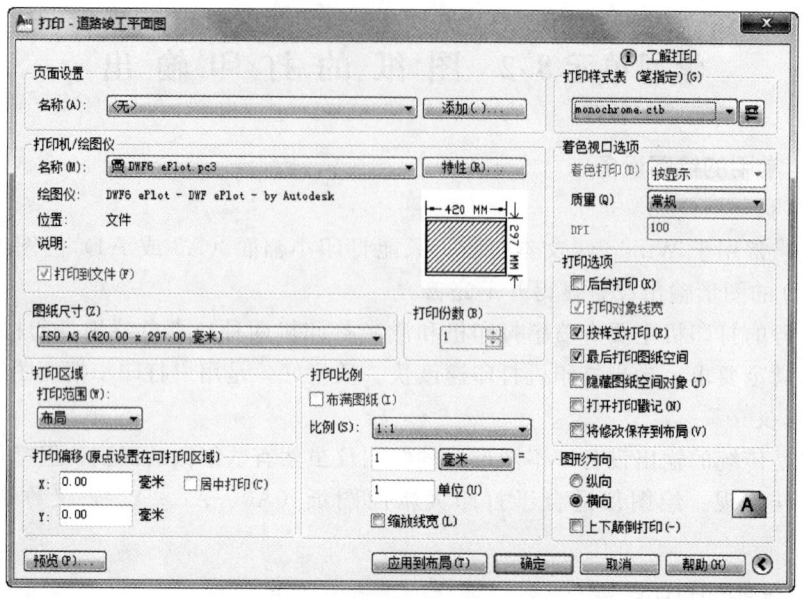

图 8.11　"打印-道路竣工平面图"对话框

表选择"monochrome.ctb",该打印样式将彩色图线转化为黑色,即黑白打印,图线线宽按对象线宽打印。

命名打印样式可以独立于对象的颜色使用。使用这些打印样式表可以使图形中的每个对象以不同颜色打印,与对象本身的颜色无关。

(5) 单击"预览"按钮,预览打印效果,如图 8.12 所示。

(6) 单击"确定"按钮,打印图形。本例选择的打印机为"DWF6 eplot.pc3"电子绘图仪打印到文件,单击"确定"后系统要求制定文件的保存位置及文件名。

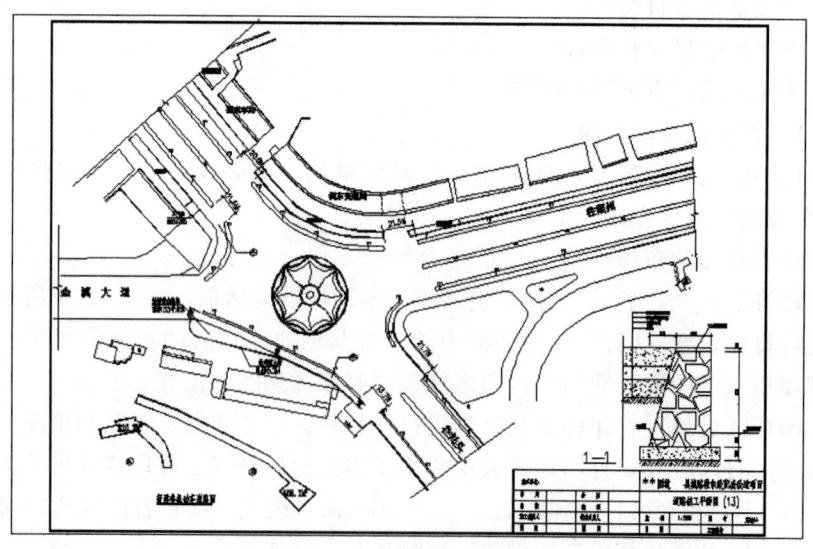

图 8.12　打印效果预览

8.2.3.2 在模型空间打印

对于单一视口的模型空间图形打印非常简单,下面将简要介绍在模型空间打印图形的步骤。

(1) 打开要打印的图形文件。

(2) 启动打印命令,显示"打印-模型"对话框。

(3) 在"打印-模型"对话框中进行打印设置。如图 8.13 所示,在"打印-模型"对话框选择打印机,无打印机时可选择 DWF6 eplot.pc3 电子打印机,根据需要选择图纸尺寸、图形方向(纵向、横向)、设置打印比例和打印样式表。

(4) 在"打印区域"下的"打印范围"选择"窗口",拾取包含打印图形的两个对角点,如图框的对角点。

(5) 预览打印效果,效果不理想可重新进行打印设置直至理想为止,单击"确定"按钮完成打印。

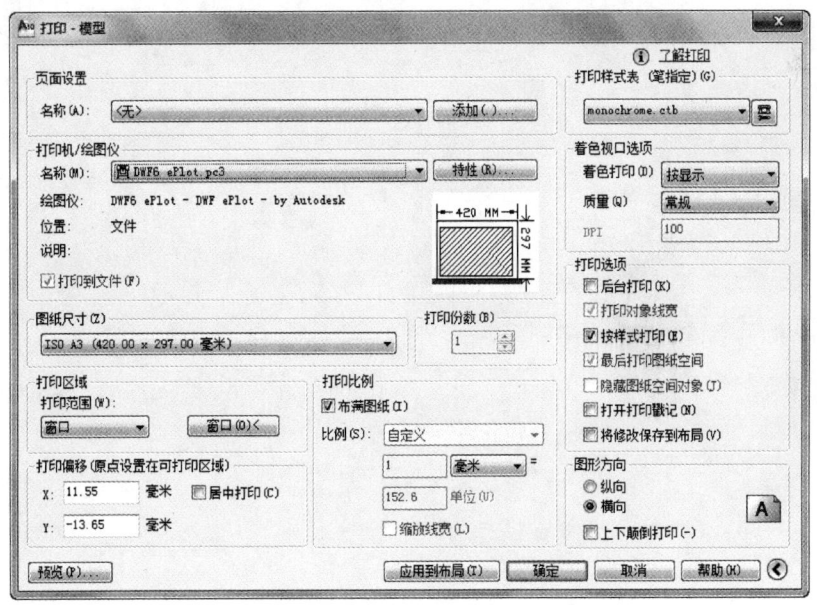

图 8.13 "打印-模型"对话框中进行打印设置

习 题

1. 简答题

(1) 打印图形的范围如何选择?如何控制图形在图纸上的位置?

(2) 图形打印比例如何控制?

2. 实训题

绘制如图 6.7 所示的图形,并打印输出。

参 考 文 献

[1]　阮志刚. 公路工程 CAD 制图 [M]. 北京：人民交通出版社，2011.
[2]　黄仕君. AutoCAD2010 实用教程 [M]. 北京：北京邮电大学出版社，2012.
[3]　王磊. 道路 CAD [M]. 北京：中国电力出版社，2010.
[4]　晏孝才. AutoCAD 工程绘图 [M]. 北京：中国电力出版社，2010.
[5]　董岚. 建筑工程 CAD [M]. 郑州：黄河水利出版社，2012.
[6]　樊琳娟. 道路工程识图与绘图 [M]. 北京：人民交通出版社，2011.